ITTIN

29歳で 2000万円 貯めた独身女子が お金について語ってみた

清流出版

はじめまして独身女ITTINです

はじめまして、独身一人暮らし女のＩＴＴＩＮ（イッチン）です。

20代後半、平凡な会社員です。

28歳と自己紹介しようとしたところ文章を書いているうちにうっかり29歳になってしまいましたが、のんびりまったりと生きています。

29歳での資産が２０００万円ほどあり、**「独身一人暮らし女だからこれからどうやって生き抜いていくか考えるブログ」**という、**タイトルを異様に長くしたことを後悔することになるブログ**にて、独身一人暮らし女がこれから考えていくマネーのことや日々の生活についてつらつらと駄文を綴っていたところ、ありがたいことに書籍化のお話をいただきこの文章を書いています。

20代らしからぬ文体により「中身はおっさんではないか」という疑惑もいくつかいただいているのですが、この文章を書いている段階ではぎりぎり20代の女性（のはず）

です。

ええ、決しておっさんなどではありません。

というわけでお金のプロでもなんでもない素人の私が、人生のお金について、思うことややってきたこと、これからやっていこうかなあと思っていることをまったりと綴ってみたいと思います。

なお、私は金融業界の人間でもない、投資のプロでもない、貯蓄や節約の達人でもなく、雑踏の中に紛れている凡人です。

ただの素人ですので、気軽に読んでいただければ幸いです。

目次

第3章 20代で資産運用を考えてみた

本書には、投資についての記述がありますが、投資をおすすめするものではありません。投資については、自己判断のもと、自己責任で行なってください。

第1章

20代から考える将来への備え

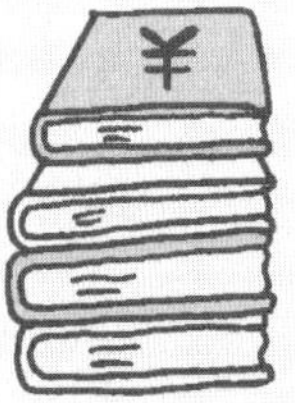

2000万への変遷

ご参考までに、29歳での資産内訳とこれまでの推移は次頁のようになっています。

一つの区切りである「貯金1000万円」は26歳の時に達成しています。

投資信託や個別株式が資産に入っていますが、投資について手取り足取り教えてくれるイケメンがなぜか周りにいなかったので、自分でイチから学んで投資を始めてみることにしました。現在も勉強中、そして継続中です。

というわけで本書ではお恥ずかしながら、そのあたりの失敗の変遷も含めてお金について思うことをお伝えしたいと思います。

2000万円の内訳		
評価損益がほとんど変動しない資産	現金・預金	876
	個人向け国債変動10年	400
価値が変動していく資産	個別株式（国内）	39
	外貨	39
	投資信託	185
	保険	440
	純金積立	22
	計	2,001

（万円）

年数	年齢	資産額	前年比	年収
社会人なりたて	22	36	−	−
社会人1年目の12月	23	238	+202	330
社会人2年目の12月	24	498	+260	400
社会人3年目の12月	25	720	+222	470
社会人4年目の12月	26	1032	+312	500
社会人5年目の12月	27	1369	+337	550
社会人6年目の12月	28	1738	+369	600
社会人7年目の10月	29	2001	−	−

貯金がちょっとだけ平均よりも多い理由を考えてみた

私はブログでお金に対する考え方や、資産額を公開しています。

これを見て、私の貯蓄がちょっとだけ多めである理由としてこのようなご意見を拝見することがあります。


「倹約や節約のワザがすごいからだろう」

「給与が高いからだろう」


投資額が多ければ「相場が良かったからだろう」というご意見もいただけたかもしれませんが、私は資産額に比して投資額や投資益が多いわけではありませんし、投資や宝くじで爆益を得たわけでもありません。誰かから贈与されたというわけでもなく、2000万円のほとんどは自分のお給料からの貯金です。

しかし、すごい節約を実践して貯金したとは思っていませんし、ものすごいお給料が良かったから何もしなくても勝手に貯まっていた……というわけでもないと思います。給与が高いと言われることもありますが、20代でぼんやりと老後のことを考え始めた私は、働き始めてから貯金目標を設定し、お金の貯まる仕組みを自分なりに試行錯誤して作ってきました。この6年、税金を除いた年間支出は1年あたり70万～120万円の範囲に収めていますが、家計簿を振り返ってみるとそれなりに使うところには使っています。

これまでの貯金は一つの要因だけで貯めたものではなく、**収入の獲得や支出のコントロール、どちらも意識してきた結果です。**

どちらが大切、というよりもどちらも大事にすることが重要なのだと思います。お金のことを考えるのに、早すぎるということはありません。

私は就職する会社を決める時、自分がやりたい仕事ができることはもちろん、福利厚生に家賃補助のある会社を選びました。22歳、就職する会社を選ぶ時点で、既に「固定費削減」の考え方が私の中にあったからです。私は人生のマネープランについて、社会に出る時、住む物件を選ぶ時から……「新しい生活を始める時」から意識してきたつもりです。もちろんお金に振り回されてやりたいことができなかったり、歩みたい道を歩めないなどということはあってはなりませんが……。

本書について「これを読めば誰でも２０００万貯金できます」などというおこがましいことを言うつもりは一切ありませんので、お酒を飲みながらでも私のお金についての考えや試行錯誤のお話にお付き合いいただければ幸いです。

貯蓄と資産形成の目的

私が投資や節約や貯金をする理由は、大層な思想や高い志があるわけではなく、**「人生を充実させることにお金を使うため」**です。

やりたいこと、今しかできないことや、貴重な経験、自分への投資になるようなことが出てきた時、躊躇なく資産を取り崩してお金を使いたいと思っています。

お金とは、こういった「人生を豊かにするためのツール」の一つに過ぎず、資産形成は目的ではなく手段の一つです。

大事なのは「資産をふやすこと」「貯金すること」……ではなく、「人生を楽しむこと」。

そのためには、「これから必要になるかもしれないお金について考え、備えておく」

「これからやってくるリスクに対してどのように対応していけばいいのか考える」ことが必要だと思っています。

資産をふやすということは、その対策の一つに過ぎません。

決して老後のためだけに生きているのではないけれど、今の生活も大事にしながら、将来への備えも20代の今のうちから考えたいと思っています。

「お金のふやし方」は誰も教えてくれなかったし、わからなかった

社会人になって働き始め、お給料をいただくようになったのですが、仕事がつらかったので、怠惰な私は「お金も働いてくれないかな」と思うようになりました。

労働する以外に、お金をふやす方法があれば……。

しかし素人なので、お金のふやし方など知りません。しかも、別に誰かが教えてくれるわけでもありません。親や、友達など信頼できる人でもです。

結局のところ、自分で考えたり調べたりして試行錯誤することになりました。

まずはネット銀行の口座開設や、ポイントサイトの登録など細々とした副収入を得る準備をすることから始め、少額での為替取引、少額での株取引の挑戦を経て、現在は少額での投資信託のコツコツ積立に至ります。

全て少額であるため、いずれの方法も「儲けた」とは到底言えませんが、お金や金融商品について学ぶ機会を得ることはできました。

（知識や経験が身についたのかは謎ですが、アホな「失敗」は糧になったと思います）

親には頼れない

私は平凡な人生を歩んできた平凡な人間なので、お金について考え始めるきっかけに、「これがきっかけだ！」という波乱万丈な出来事があったわけではありません。

しかし、私には親に頼らず、自分の面倒を自分で見ていくための資金を用意しなければならない背景があります。

私は、学費で親にお金をかけさせすぎたのです。

私が歩みたい道を歩むために必要な大学の学費は高額でした。親の老後資金を食い潰したのではないか、と思うほどに。

社会という野に放たれた後は、親からは、「仕送りはいらないから、これからの自分の面倒は自分で見てね☆」という言葉とともに、お互いに仕送りなどの金銭のやり取りをしておらず、完全に経済的には「ほったらかし」にされています。

そして、これからもそうでしょう。

将来、親の介護が必要になった時は、私は親を助けるつもりですが、自分自身の面倒は、自分で見ていくものだと感じているのです。

お金の本質とは何だ

これまでの経験で感じた「お金の本質」ですが……。

私が得た知識や資格、職、学生時代の良き思い出、友人。

これらはお金だけあっても、もちろん得られないものです。

しかし同時に、これらの経験を得るのには、お金がなければ機会すら得ることができなかったのです。

お金とは、経験、知識、友人……直接は買えないけれど、こういった「人生を豊かにするものを得るため」に使うものなのではないか。

そのためには、やはり意識と知識。そして備えが必要だと思うのです。


不確定な将来について若いうちから考えたってしょうがない、という意見もちらほらと目にしますが、人生に責任を持つのは自分です。

これから自分はどんな生き方をして、どんなことにお金が必要になって、世の中はどんな風に変わっていくのか。

それは、20代、30代の若者にとって不確実なことですが、考えていくのも楽しみなことではありませんか。

本書に書いていることも「今、20代の私が感じていること」ですので、今後私自身にも考え方の変化があるかもしれません。

このような「未完成」な人間の書く文章ですが、ご興味のある方はご一読いただければ幸いです。

このままぼけっと生きていくとどうなるのか考えてみた

日本はこれからどうなるの？

私は社会人になるまでぼんやり生きていましたし、社会人になった今もぼけっと生きています。

つまりずっとぼーっとしながら生きてきて、これからものほほんと生きていくつもりなのです。

特に何も考えずに生きていくのもそれなりに幸せなのですが、高校、大学、社会人……と人生の駒を進めていくうちに、気になることが出てきました。

●モノのお値段、上がっているじゃないか？

一人暮らしをするようになり、私は「モノのお値段」に敏感になりました。

年々、「モノのお値段」＝「物価」が少しずつ上がっていることに、気づくようになりました。

牛丼も、お菓子も。物価だけでなく、消費税もどんどん上がっています。

ふえ続ける日本の借金や、年金は大丈夫なのかな？

中学生の時に学校の先生が、「日本の借金は雪だるまのように膨らみ続けているんだよ。国民一人あたりの借金は何百万もあって、もう返しきれないほど膨らみ続けているんだよ」とメチャ他人事のように言っていたので私も他人事のように聞いていたけど、結局日本はこれからどうなっていくのだろう？

テレビを見ると、「未来にツケを回し続けている現在の年金制度は将来破たんする」と大人が言っていて、ニュースを見ていても年金受給開始年齢は60歳から65歳にと、どんどん引き上げられる方針に。

私達が老後を迎えた時、果たして国の借金はいくらになるんだろうか。物価は上がっているのに、年金の受給金額は減っていく。私達は老後、国やその時の若者、子供という「誰か」に頼るのではなく、自分達のことは自分達で考えなくてはならないのでは？

負担する税金は、ふえているじゃないか？

消費税はどんどん引き上げられています。

消費税だけでなく、その他の税金も今後引き上げられていくでしょう。

考えておきたい、お金のこと

もちろん日本の将来や今後の円の価値がどうなるかなんて、私にはわからないのですが。

物価上昇。増税。年金受給額の引き下げや受給年齢の引き上げ。

過剰に心配するつもりはないのですが、何も考えずに放っておいてもいいのかなあ、と思うようになりました。

「20～30代の今はないけれど、人生においてこれから起こるかもしれないリスクや必要になるかもしれないお金」にはどのようなものがあるのでしょうか。

私は次のような「起こるかもしれないリスク」があると思いました。

【社会が変化する】

1. 今持っている「円」の価値が変わり、収入が下がったり、もしくは物価が上がること
2. 年金や、社会保障の制度が改悪されたり、撤廃されたりして、いざ自分に必要になった時、十分に機能しないこと

【自分を取り巻く環境が変化する】

1. リストラされたりして収入を失うこと
2. 病気になったり、事故や災害に遭うこと
3. 自分に介護が必要になること

4．結婚したけれど、離婚すること
5．親や配偶者に介護が必要になること
6．老後に収入がない状態で長生きすること

起こる「かもしれない」ことですので、必ず起こるとは限りませんし、起こらないに越したことはありません。未来への不安をあおるつもりもありません。

しかしこれらのリスクに今のうちから目を向けて意識し、コツコツと資産形成を行っていくことで、最悪の事態を回避または負担を軽減できるケースも多いのではないでしょうか。これらのリスクに幅広く対応できる最も有効な手段は、**「潤沢な資産」と手取り収入に合わせて生活ができる「生活力」**ではないかと思っています。

何かが起きた時に慌てて準備しても遅いのではないかと考えています。

これらの「起こるかもしれないこと」を頭に入れながら、今そこにある、目の前の人生も楽しく生きていくことが大事なのではないかと思ったのでした。

20代だけど長生きのリスクと老後の収入について考えてみる

我々20代の老後はどうなる？

私のおばあちゃんは93歳です。

鼻高々に「県内最高齢ダンサーよ」とのたまい、ダンス教室にも通っているアグレッシブなばあちゃんです。

そんなおばあちゃんが言っていました。

「10年余分に長生きするだけでもね、年金を貰っていても、最低でも1000万円は必要なのよ」

確かに年間支出を100万円に抑えても、10年生きれば1000万円かかります。

更に、不動産を持っていれば修繕維持費や固定資産税がかかり、不動産を持っていなければ賃貸物件の家賃を払い続ける必要があります。

日本は超高齢化社会です。我々20代が老後を迎える頃には、きっと今よりももっと若者の税負担はふえ、これまで経済を支えてきた人達への給付は今よりも少なくなるでしょう。

そこで思いました。

老後には、「資産」と。そして、「収入」を得る準備が今から必要なのではないかと。

20代で老後のことを考えるなんて、「ばからしい」？

「20代や30代で老後のことを考えるなんて、早すぎる。時代は変わるし将来どうなるかなんて予測できないだろう。若いうちは失敗しても稼げばいいし、他にお金を使うべきことはたくさんあるだろう。若いうちにしかできないこともあるんだから」と、老後について考える若い人を一笑に付す意見を見ることがあります。

おっしゃる通りなのですが、しかしこの意見はなぜか「老後の資金について20代のうちから考えること」が、すなわち「若い時に使うべきことにお金を使わずに、機会を損失しながら貯め込むこと」と同義であるとしています。

私はこの意見には少し違和感を持ちますし、そうは思いません。

むしろ逆で、「若いうちから老後の資金を考える」とは、「若い時に使うべきことにお金を使い、人生を楽しみながら、人生にいずれ必要になる老後の資産もコツコツと20代のうちから形成していく」ことではないでしょうか。

20代30代という短期の期間だけでお金の使い方を考えるのではなく、視野を広くして**人生全体でのお金の使い方を考える**というだけです。

将来のお金を考えることでむしろ、「今」がとても大事に思えるのです。

今のお金、そして将来のお金の割り振りを人生全体のスパンで考えていく。

それを考えると、今がとても貴重であることに気づきます。

そして、若者はとにかく考えずにお金を使え経済を回せ、とあおったり、お金のことを考える若い人を笑う人達は、老後に私やあなたが困っても別に何をしてくれるわけではなく、助けてくれません。

自分が老後に困ったら自分の責任であり、その時は「もっと前から考えておけば良かったのに、無計画だったね」と別の人が私を笑うでしょう。

すなわち、自分を守るのは自分です。

人生には「大きなお金を使うイベント」と「その順番」がおおよそ決まっています。老後の資金とは人生で使う大きなお金の最後を締めくくる支出であり、生きている限り何人《なんぴと》にも訪れる、「必ず必要になる支出」です。

20代で老後資金を考えることとは、すなわち「人生に必要なお金を1から10まで順序立てて考える」ということ。

10（死）に至るまでの過程には結婚、教育、親の介護など人生に必要な支出が先に控えています。

もちろん予期せぬ支出や、逆に、想定していたのに必要なくなる支出もあるでしょうが、人生にかかるであろうおおよその支出を3まで考えておくのと10まで考えておくのではお金の使い方が変わってきます。

当然計画通りには行きませんが、人生の岐路に応じて計画は随時修正していけば良いと思います。

1が終わったら2の計画を立てて、2が終わったら3を考えようという短期的な考えはそれはそれで生き方の一つですが、使い道の決まっていない、全体像のないお金は「行き当たりばったりな使い方」になりかねません。

短期的な考えでは無駄な支出（浪費）をしてしまう可能性が高く、全体像を考えることが重要であると私は思います。

「若いうちは稼げるから」と言われますが、一人の人間が、生涯で稼げる金額は決まっています。

一生働き続けて無限に収入が得続けられるのであれば別ですが、限られた生涯賃金の中で最も自分にとって有意義で、人生が豊かになるお金の使い道を選択したいものです。

「お金を使うべきこと」はたくさんありますが、本当に人生を豊かにするお金の使い道とは何かを考えることが重要だと思います。


よほど恵まれた環境や一生生活に困らないほど莫大な資産がない限り、老後資産の問題は誰でもいつかは考えなければならないこと。

どうせ50代になったら否が応でも考えるのですから、20代からキャッシュフローに組み込んで考えておいた方が計画も立てやすいと思います。

「老後なんて自分にはない」と考える人であれば別ですが、生きている限り老後は多くの人に訪れます。

というわけで、人生を楽しみつつ資産を確保していく方法を考えます。

老後に安定して収入を得ることとして、20代の今からしておくべきことは「資産の形成」「老後収入を確保できる仕組みを作っておくこと」ではないかと思いました。

なぜなら、先に挙げた「起こるかもしれないリスク」に柔軟に対応できる財産だからです。

資産の形成

老後を迎えた時、取り崩しながら生活していくための金融資産です。

ある程度まとまった金額になります。

運用しながら取り崩していくかもしれません。

大きな資産は「何かあっても大丈夫」という安心感につながり、かつ実際に突然の出費など「何か」があっても対応できます。

また、残っている資産額から「月々〇円以内で生活すればよい」という計算もしやすくなります。

しかし、よほどの資産を築かない限りは運用益だけで生活するのは難しく、基本的には「資産の取り崩し」を行いながら生活していくことになります。

自分が想定していたよりも長生きしたり物価が上昇したりすると足りなくなる可能性がありますが、必要なものです。

形成する資産は、次のものを考えています。

預貯金

「老後を生きるには○千万円あればいい」などとよく言われますが、そういった情報は参考程度に留めて、「〃自分〃に必要と思われる額」を考えながら20代30代のうちから日本円で確実に積み上げていきます。

しかし、人生も世の中も移り変わるもの。老後にいくら必要かなど20代30代の現時点ではわからないので、一般論を参考にしながら積み立てる程度にしています。

預貯金は必要な時にすぐに取り崩せる、汎用性が高い資産です。持っているだけでも安心感につながります。

全世界のいろいろな資産の積立

国内外の株式・債券・不動産などの預貯金以外の資産の積立を20代のうちから行っ

ていきます。

私は全世界の何千、何万という銘柄に投資する投資信託に投資しています。

証券会社の口座にて資産の成長を期待して積立を行います。

将来円の価値が下落して円安になった時にも対応できる資産です。

確定拠出年金

確定拠出年金《かくていきょしゅつねんきん》ってなんぞ？と思われた方もいらっしゃるかもしれませんが、これは自分または会社が掛け金を負担し、自身の年金を運用していく制度のことです。

定年時に受け取る額は運用成果によって変わります。

メリットは掛け金に応じた所得税と住民税を差し引けて、運用益が非課税であるため税制的には優遇されているという点です。

（定年時に受け取る時には税金がかかる場合がありますので注意が必要です）

掛け金は上限がありますが、全世界のいろいろな資産への積立は、この私的年金でもコツコツと行います。

終身年金の確保

終身年金とは、「死ぬまで一生貰い続けることのできる年金」のことです。決められた年齢になると毎月、死亡するその時まで支払いが継続するものです。

貧困な老後を迎えないためには、資産を形成しておく他に毎月お金が入る仕組みを確保しておくことも重要なのではないか、と考えます。

私は次の方法により終身年金を確保しようとしています。

公的年金に加入しておく

私は会社員なので、厚生年金に加入しています。

自身の職業によって「共済年金」だったり「国民年金」だったりするでしょう。

20歳になると加入の義務がある国民年金。

「若い人ほど国民年金は損をする。払った分が返ってこない。だから保険料は自分で貯金しておいた方が良い」

という意見もまれに見ますが、公的年金は「終身年金」であり、わずかにでも受給できれば「絶対的な貧困」を避けることができます。

将来少額であったとしても、受給額が目減りしても、享受できるメリットは大きいと思います。

また事故や病気で障害を負った時、公的年金に未加入だと障害年金をもらえなくなります。

長く生きるほど、病気や事故に遭う確率は上がります。

もっとも、「年金制度の破たん」「物価の異常な上昇」という未来が待っている可能性も、我々20代〜30代にはゼロではありませんので、依存せずに期待度は「ほどほど」にしておきます。

インフレからお金を守るための「投資」はしなくてはならないのか？

モノのお値段が上がることを、「インフレーション（インフレ）」と言います。

では物価上昇には、どうやって備えていけばいいのだろう、と思いました。

よく、インフレへの対策として「タンス預金だけでなく、外国の資産や株式、純金や不動産などの実物資産を持っておくべきだ」という意見を目にします。

つまり、インフレに強い（と言われる）資産に分散して持っておこうという考え。

株式などに資産を分散することは私もやっていますが、これらの行為は「投資」、すなわちお金をふやそうとする行為であり、リスクがあります。

私のような「投資の素人」に「将来のインフレに備えて不動産を買おうネ」と言われても、そうポンポン買えるものではありませんし、敷居が高すぎます。「インフレ対策に○○を買え」というのは、顧客に商品を買ってほしい営業マンのセールストークに使われるという一面もあるのではないでしょうか。

「フリーランチ（ただ飯）はない」という投資格言もありますが、投資とはリスクを伴うもの。その資産価値の変動を利用して、資産をふやしていくための試みです。

株式や不動産などのリスク資産への投資は、「これからのインフレの時代を乗り切っていくために必要不可欠」なのでしょうか。

私達は、〝減るかもしれないリスク〟を背負って投資しないといけないのでしょうか。私は必ずしも「投資しないといけない」とは思いません。

使える資金も家計・家族の状況によりそれぞれ違うはず。人生設計は人それぞれにあるのです。

蓄財は人生のリスクへの備えとして有効であり、一概に、「みんな投資しないといけない」ということは言えないと思います。

さて、円の価値が下がる状態（円安）では、円だけ持っていては価値が目減りしてしまい「損」になってしまうのですが、インフレに対応できる元本保証で「円建て」の金融商品はないのだろうかと思い、私が目をつけたのは**個人向け国債変動10年**でした。これは実質、元本保証で、為替リスクがありません。

「国債」とは国が発行する債券のことですが、国家がその信用を持って太鼓判を押している商品なのです。

債券とは、ちょっと聞き慣れない難しい単語ですが、国・地方公共団体・企業などが資金を借りるために投資家に発行するものです。

利率、利払日、償還日などは債券により異なります。投資家は、利息や償還金を受け取ることができます。

債券の価格と利回りは逆の方向に動くため、債券価格が下がると金利が上昇します。つまり国債の価値が下がってしまっても、金利が上がるのです。

この時債券の額面価格は変わることなく、半年ごとに決定される利子だけが上昇することになるので、インフレ対策に有効なのではないかと考えています。

個人向け国債変動10年は、実勢金利に応じて半年ごとに適用利率が変わります。

「10年」と名前がついていますが10年間保有しないといけないわけではなく、発行から1年経過すればいつでも中途換金でき、証券会社に口座を持っておけば1万円単位で購入できます。購入した証券会社が破たんしたとしても権利は保護され、元本や利子の支払いを受けられなくなるということはありません。

必要な分だけ換金できるので、例えば100万円分購入して10万円分だけ取り崩したい時は10万円分だけ換金することも可能です。

銀行預金のように保証上限（ペイオフ）を気にする必要もありません。銀行が破たんした時預金は1000万円までしか保護されませんが、国債なら個別の金融機関の破たんリスクを気にすることなくそれ以上の金額を運用できます。

ただ、私は円だけで資産を持つことに疑念を持っているため、自分の許容範囲内で国内外の株式や債券などに自分の資産を振り分けています。

投資はインフレ対策に有効ではありますが、あくまでも資産をふやすための「攻める（リスクのある）お金」であり、「守るお金」とは別に考えておこうと思っています。

「何もしないことのリスク」を考えてみた

私は投資をしていますが、投資をおすすめするつもりはありませんし、「さあみんな！　資産をふやすためには投資をして、不労収入を得よう！」などということは言いません。


堅実な人生を歩みたい私はこう思っていました。

「投資は危ないから、私はやらない」

「せっかく貯めたお金を減らしたくない」

「素人の自分がやっても、損をするに決まっている」


投資をすれば、ふえる可能性もありますが、減る可能性もあります。

減る可能性があるということは、「危ない」「ギャンブルだ」ととらえる人も多いでしょう。せっかく働いて貯めたお金が減るのは、私も嫌です。

しかし、投資をしないという選択をした場合、私達が持つ資産とは、「預金」「貯金」「現金」という〝日本円〟です。今財布の中に入っているお金は、「安全な資産」なのでしょうか。価値が不変のものなのでしょうか。

銀行の口座やタンスの中は、「最も安全なお金の置き場所」なのでしょうか。


現金と預貯金だけで資産を持っている状態、つまり「何もしない」という選択をした状態は、言うなれば「資産の全てを日本円に全力で一括投資している状態」のように私には思えました。

「日本円という資産」だけに偏って資産を持っているのです。

日本経済が滞り、日本円の価値が落ちれば、預貯金の価値も落ちるのです。

「投資をしない」という選択は、日本の経済に全てを依存している状態。

日本の経済が危うくなった時、円の価値が下がった時、物価が上がった時、同時に私達が持っている円資産の価値も影響を受けます。

一つの資産に全力で投資。それこそ「ギャンブル」のようなものではないかと思ったのです。

将来的に物価がどうなるかとか、1ドルが何円になるかということは予知能力者でも経済アナリストでもない私にはわかりませんが、わからないからこそ「どう転んでもどうにかなる」状態を作っておくことが大事なのではないかと思いました。

「ここは日本なんだから、たとえ外国から見て日本円の価値が落ちても、1円は1円だ。銀行の預金は1000万円まで保証されるし、法律で守られているから減ることはない。日本にいる限り問題ない。私は日本人なのだから」

投資を嫌い、全てを預貯金で持つ人はこのように感じると思います。

というよりもお恥ずかしいことに私がそう思っていました。

確かに銀行の預金はペイオフ制度で銀行が破たんしたとしても1000万円まで保護されます。

「日本円の価値が落ちたから」と言って、勝手に誰かが私たちが持っている100

円を90円に減らすことはありません。

では日本円の価値の下落とはどういうことなのかというと、「物価の上昇」という形で現れます。１００円が90円に減るのではなく、これまで90円で買えていたものが１００円出さないと買えなくなる、ということです。商品によって程度の差はあれ、相対的に１００円が90円に減るのと同じ状況になります。

１円の価値は、今もこうしてどんどん変動しているのです。

私は世界分散投資をしています。

世界中の株式、世界中の債券、世界中の不動産（ＲＥＩＴ＝不動産投資信託）、そして日本円。

私は世界のいろいろな国のいろいろな資産に少しずつ、お金を「移して」います。言うなれば、それぞれの資産の成長を期待しつつ、「お金の置き場所を分散しているだけ」です。

世界のどこかで何かが起きても、私の資産が守れるようにです。

株式や債券などのいろいろな資産にお金を移すこと。お金の置き場所を変えること。世間では、この行為のことも「投資」と言うようです。

私は投資をしています。

後で楽するために、人生のマネープランを考えとく

人生の3大出費って、本当に必要なんだろうか、と考えることがあります。
「人生の3大出費に備えてライフプランを立てよう」ということがよく言われます。
人生の3大出費と言われて示されるものが、次の3点。

- マイホーム資金
- 教育資金
- リタイア後の生活資金（老後資金）

です。でもこれって、「日本に住む全ての人に」、「必ず」、要るんでしょうか。例えばマイホーム資金。

住居はもちろん必要ですが、結婚したら「マイホーム」を買って自分の城を持たな

いといけないんでしょうか。

今の時点での考えですが、「マイホーム資金」よりも私は「介護費」の方が自分の人生においては重要だと思うんですよね。

介護費は老後資金に含まれるだろうって？

いいえ。世間一般ではどうなのかわかりませんが、私にとって老後資金とは自分や配偶者の老後の生活を賄うもの、という認識です。

介護費とは、自分だけでなく、自分の家族の介護も含みます。

すなわち、自分の親や、（将来現れたとして）配偶者の親の介護費も想定しておく必要があるのではないかと思います。

でも、「結婚式は盛大にして、家も買って、子供は私立の学校に通わせたい。海外旅行に年1回は行って、老後の準備もして……」と全ての希望を叶えようとすると、莫大なお金が必要です。全て希望通り選択できる場合はまれでしょう。

世の中では「老後までにン千万貯めていこう」とか「何歳までにいくらの資産を用

意しておこう」などいろいろ言われますが、「人生の支出に優先順位をつけて準備を進めていく」ことを前提にして初めて有意義になるものではないでしょうか。

自分にとって何が重要なのか。

自分が困らないように、**自分の人生を豊かにするために、どんなことにお金を使うべきなのか、優先順位をつけておく。**

マイホームより介護費が優先されるというのは一般論ではなく、あくまで私の場合に過ぎません。〝自分の場合は〟何が大事なのかを考えることが重要なのだと思います。

同じ人生を歩む人などこの世にいません。マイホームを持つという選択が悪いというわけではなく、選択の結果、家族が安心して暮らせるマイホームを購入することに重きを置く人もいらっしゃるはずです。私も家族を持てばマイホームに対する考えが変わるかもしれません。

「人生のマネープランを立てよう」と言っても、何が起こるかわからない人生にカッチカチに1円単位で計画するのではなく、「こうしておかないといけない」なんて決まっていることもなく、ただなんとなく「自分には、こういうことにお金が必要になるかもしれないな」ということをぼんやり考えて、いざ必要になる時のために備える……というくらいのことで良いのではないかと思います。お金に色はなく、後から自分で色づけして目的を持たせても良いのです。

世の中にはもっとしっかりした考えを持っている人もたくさんいるのでしょうが、私はそう思っています。

後で必要になってから考えるより、なんとなく考えておく方が良い。

なぜ「20代のうちにお金のことを考えるか」というと、「後で自分が困らないため」、ひいては「自分が楽をするため」なのです。

今の生活はそのままに、ほんの少しの意識を持って先のことを見ておけば、それはいざという時に自分自身を守ってくれるものになるのではないか。

特に「今、こうしないといけない」とか、「これくらいお金を貯めなくてはならない」というようなものは独身で子供もいない私にはありませんが、ほんの少しだけ意識を持っておくことで、自分の人生に責任を持つことができるのではないかと思うのです。

第2章

20代から、しっかり家計管理してみた

貯金する目的を考えてみた

「そんなに貯金してどうするの？　爪に火をともすようなドケチ生活しないといけないんでしょ。つまらない人生なんだろうなぁ」

「20代はお金の使い方を学んだり、お金を使うことでいろんなことを経験しておくべき時期なのに、目先の金を貯める人は将来を見通せない愚か者。若いうちは借金してでも良いから遊んで、一流の価値を知って、自分に投資するべきだ」

「老後や貯金のために生きてるの？」

という、要は**「若い時に貯金することが機会の損失になっている」**ことを危惧する意見があります。「貯金」とは「機会損失」か？という疑問に対して、私は必ずしもそんなことはなかろうと考えています。

社会で生きていれば、貯金の有無に関わらず遊び、飲み、食べ、勉強し、たまには旅行にも行って、おしゃれもする、ごくごく普通の生活があります。しかし貯金をするからといって義理人情を欠く必要も、仙人のような生活をする必要も全くありません。貯金とは機会の損失ではなく、むしろ逆。**人生の選択肢を広げる（機会を得る）手段である**と考えています。自分のやりたいことが出てきた時、窮地に陥った時、貯金は何よりも大きな助けになります。

病気になった時。転職したい時。勉強したい時。遊びたい時。結婚したい時。子供を育てたい時。親の介護が必要になった時。

人それぞれでしょうが、私はこういう時にお金が必要だと思います。それを「目的のない自己投資」「収入に見合わない贅沢な生活」で失われることがあっては、それこそ機会の損失です。

20～30代のうちにいろいろ経験しておくべきというのは全くもってその通り。

しかし、「浪費してもいいから、有り金全部自己投資しろ！」という意味ではなく、「自己投資の時にお金が必要なら惜しみなく使えば良い」ということだと思います。自己投資は必要ですが、浪費は必要ありません。例えば一流ホテルのシェフになりたいなら一流の味を知るためにレストランに通うのも良い。自分が高価な時計に見合う人間になろうと努力できる人間なら、その時計を買えば良い。

しかし、万人がその自己投資をする必要があるとは思えません。一流のレストランに通って高価な時計をつけている人全員が、将来年収が上がるとは限らない。私が高価な時計を買ったって、1円たりとも年収は上がりません。

残業してきた後にご褒美として食べる100円のプリンの方が遥かに年収と体重に貢献しています。

いつがお金を使うベストな機会なのか、人それぞれ違うはず。人によっては20代だったり、50代だったりするでしょう。「使って良かった」、そう思えることが本当に価値のある使い方ではないかと思うのです。お金とは手段であって、目的ではありません。

お金の目的は後から決めることもできるのです。今でなくとも、いずれ必要になる時が来るでしょう。

私にとって大事なのは「貯金すること」そのものではなく、「最も自分にとって満足度の高いお金の使い道とは何なのか、人生で有用になる資産や経験や知識とは何な

のか考えて振り分けを行っていくこと」です。

貯金がなぜ重要なのかというと、こういった「人生を豊かにする機会や経験を得る選択肢が広がるから」だと思います。知識や経験や人脈はお金では買えない。しかし、知識や経験や人脈を得るための機会はお金がないと得られないこともあります。自身を成長させる経験や知識、一生の人脈など〝かけがえのない資産〟を得ることにもつながるかもしれません。そういった機会にお金を使い、自分にとって最も有意義な使い方を模索していきたいものです。

社会人になったからとりあえず貯金始めてみた

まずは、先取り貯金してみた

社会人1年目の22歳の時、初任給をいただいた瞬間から、なんとなく貯金を始めることにしました。

最初は、年間いくら貯めるぞという「貯蓄の目標」を決めて、12で割って月当たりに必要な貯金額を算出し、お給料が入ったらまずは1か月分を貯金するという方法にしました。

すなわち、先取り貯金です。

「お給料が入ったらまず貯蓄分を差し引き、残りで生活する」という、よく「ストレスの少ない貯金の方法」として挙げられるものです。手元にあるお金を自由に使って良いので、精神的には楽でした。

「**自由に使っていいお金があって、その使い道をいろいろ考えること**」は貯蓄を楽しんで続けるには結構重要なことだと思います。

目標は「絶対目標」と「努力目標」の2つ立ててみた

ところが、貯金を始めてみたものの、貯金の王道である「先取り貯金」は私の〝性格〟には合っていたのですが、私の〝ライフスタイル〟には合っていませんでした。お給料の金額も、月々の支出もバラバラで一定ではありませんでした。先取りで貯蓄しても、お金が出ていく時は出ていくので、お給料が少ない月はカツカツになってしまいストレスになってしまったからです。逆に、あまりお金を使うことのない月や、残業をせざるを得なかった時はお給料が多かったりして、余ってしまうことがありました。余る場合はそのまま貯金すれば良いのですが、必要な支出をして予算不達成になってしまうと、なんだかモヤッとしてしまったのです。

そこで、私の場合ですが、**目標を立てる時「貯蓄目標」と「支出目標」の2つ立てました。「これだけ貯めるぞ」という〝貯蓄に関する目標〟と、「これ以下に支出を収めるぞ」という〝支出に関する目標〟です。**

もともとは「貯蓄目標」1つだけだったのですが、貯めるだけでなく支出にも目標があると生活にメリハリがつくような感じがしたのです。目標を2つ設定する必要は全くないのですが、変数の多い支出目標の方が達成するのが難しく、ゲームのように楽しめるので貯蓄目標は必須、支出の方は努力目標という感じでぼんやり決めています。

貯蓄目標：{（年間の目標貯蓄額）－（賞与からの貯蓄予定額）}÷12＝月々に貯蓄する目標額

支出目標：{（年間に予測される最低手取り収入）－（目標貯蓄額）－（予測される大きな支出）}÷12＝月々の生活費の目標額

この額に収まるように予算立てすることにしました。

各家計簿の項目に予算を割り振ること（袋分け）は必要になったらすれば良いのです。私は長年の一人暮らしで費目ごとの支出が大体わかってきたので、袋分けはしていません。

貯蓄目標は「絶対達成するぞ〜」という、〝必要な貯金をするため〟の絶対目標です。

支出目標は「できたら嬉しいぞ〜」という、〝貯金を楽しむため〟の努力目標です。

支出目標を達成すると、貯蓄目標を達成するよりも多くのお金を貯めることができます。そんなわけで貯蓄目標はゆるめ、支出目標はきつめの額に設定しました。

予算を考える時、私には2つほどポイントがあります。

予算は年間で考える

日々生活していると「今月はたくさん使った」「今月はまだ余裕ある！」と一喜一憂してしまいますが、月々の支出は長期的に貯蓄を考える上では、実はそれほど重要なことではないと考えます。

支出は年間で考えることの方が重要だと思います。

むしろ、年間支出から月平均を算出してなるべく広い範囲で見ていかなければ、「家計の本当の姿」は見えてきません。私のとある月の家計簿はこのようなものです。

	とある月の家計簿	年間支出から算出した月平均
ガス	2814	3688
水道	0（2か月に1回引き落とし）	2044
電気	3171	3235
携帯	447	1718
ネット	4104	4104
食費	9239	12800
雑費	1796	4528
美容	0	1140
交際	18601	50335（海外旅行費を含む）
不定期	0	6312
支出計	40172	89904

月ごとの家計簿だけ見ると月々の支出は認識できるが、他の月の大きな支出に気づきにくい

普段は月4万で暮らしていても、年間支出で考えると大きい支出が月平均を引き上げる。大きい支出を反映した数字を把握することが大事!

とある月の生活費は4万円程です。独身一人暮らしで家賃を除く生活費が4万円程度というのは、やや低コストな暮らしではないでしょうか。生活水準は他の月も同じくらいです。

しかし、とある月の生活費はトータルで約4万円なのに、年間支出から見る月あたりの平均支出は約9万円です。

この年、私は海外旅行に行き、その費用は25万円近くかかりました。これにより、年間支出は25万円程度ふえるため、年間支出を12で割った金額月あたり約2万円の支出が交際費に加算されています。他にも壊れた家電の買い替えなどの不定期な支出や、冠婚葬祭の費用……**大きな出費が平均を押し上げているのです。**

月々を4万円程度の生活費でやりくりしたとしても、例えば半年に1回くらいの頻度で、1回につき20万の海外旅行に行っていたとしたら、年間支出は40万ふえるため3・3万円の支出が月平均に加算されます。

つまり「4万で月々の生活をやりくりしている」ことは間違いはありませんが、年単位で見た場合の実際の支出は月に直すと7・3万円であることを理解しなければいけません。

月単位でしか支出を見ない場合、この「隠れた出費」を見落としがちになり、実際は月7・3万円の生活に対し「私は月4万でやりくりしている」という間違った認識を持つことになります。

旅行には行ってもいいのです。問題になるのは「使っている」ことではなく、「気づいていない」ことなのです。


私の場合は平均を押し上げる要因は海外旅行でしたが、人によっては、冠婚葬祭（ご祝儀など）、車検、自動車税、年払いの保険料、家電などの買い替えなど、定期的にでも突発的にでも、ドーンと出ていく出費がある人もいると思います。

特に車は、ガソリン代と自動車保険だけで済む月と、車検のある時では出費には雲泥の差があるでしょう。

「節約しているのに、思ったより貯まらないな？？」と感じている人は、一度隠れた出費がないか年間支出での見直しをすることをおすすめします。

私の家計簿の数字をご覧になって「どうやってやりくりしてるの？」と不思議に思った方もいらっしゃるかもしれません。私に節約しようという意識はあまりないのでお役に立つかわかりませんが、参考までに心がけていることを記しておきたいと思います。

食費

- 週1〜2回程度の頻度で、必要と思われるものを必要な分だけまとめて買います。食べたいものを遠慮なく買う代わりに、ストックが切れるまでは追加で食料を買いに行くことはあまりありません。献立は「今ある食材」から考えます。食材のやりくりに失敗すると、買う量や、各食品の消費期限、余りやすい食材のレシピや消費する順番がわかってきて、食材の消費計画が立てやすくなります。
- 基本的に自炊です。独身一人暮らしなので一回の調理で2〜3食分作り、翌日のお弁当にしたり冷凍して保存するので、キッチンに立つのは1日1回程度です。

携帯料金

・ガラケー使用。家族間通話が無料になる割引を利用し、友人との長時間の通話は無料通話ができるサービスを利用して通話料があまりかからないようにしています。携帯電話での通話アプリやSNSは友人との待ち合わせなどで外出時必要な時のみ通信し、在宅時は自宅のPCから通信します。また、本体購入から2年間、月々の基本料金と同額程度の割引を受けられるプランに加入しています。

美容費

・化粧品は使い切ったら新しいものを買うようにしています。
・「一回に使う金額を節約する」のではなく、消費の回数を減らすよう意識します。
・服や装飾品を買いたいという衝動が出てきた時は一度時間を置き、自分の服の棚卸をします。そうすると、似た服を既に持っていることが多く、買わなくて良くなることが多いです。

光熱費

・契約アンペア、機器の稼働時間、機器のW数が電気料金を決める重要な要素になります。私はこまごました節約は苦手なので、W数の多い家電の使用自体をなるべく避け、長時間つける暖房などもW数が少ない暖房器具を使用します。

総じて、あれもこれもと節約をするのではなく、労力に比して効果が高いと思う方法のみ選んでいます。

給与の最低額から考える

独身一人暮らしでも、実家暮らしでも、既婚者の方でも、月々の生活費は「およそ考えうる給与の最低額」に合わせた額から考えると良いと思います。よく共働き世帯の生活費設定の考え方に、「どちらかの収入がなくなっても生活が狂わないよう、所得が低い方の給与に合わせた生活レベルにする」というものがありますが、独身一人暮らしの私でもこれと似た考え方をしています。どういうことかと言うと、残業代などの「変動する給料」や、副収入など「不確定な収入」は差し引いて考え、それが貰えなくても生活できるように予算設定するということです。

私は労働の報酬としてお給料をいただいていますが、大半を「不確定な手当」が占めますのであまり大層な金額を予算に設定することができません。場合によっては手取り額の半分以上が不安定な給与のため、実際に予算として考えているのは手取り額の半分ほどです。

運営（人件費削減）、労務効率、そして自分の自由な時間のために残業なんてしないに越したことはないのですから、残業代なんてあてにするべきではありませんし、いつ取っ払われるとも限らないこれらを「毎月貰って当たり前のもの」として生活費を設定するのは、リスキーだと思います。

例えば、毎月の手取り25万円くらいで生活している独身者がいるとします。この手取り給与のうち、5万円くらいが残業代だったとします。安定して毎月25万円くらい貰っていたとしても、部署移動などに伴い残業代がつかなくなると、5万円の収入減となります。この時、月25万円が貰えることを想定した生活をしていると、給与減に対処できません。**生活費をふやすことは簡単ですが、生活費を減らすことは非常に難しいのです。**

手取りが少なくなっても慌てないで生きていけるようにすること。手取り給与内で生活していくすべを身につけること。そして、その中からも貯蓄や投資をするということ。

今しかない人生もそれなりに楽しみたい。ということで、月々の生活費は最低額に合わせて設定しておくと、不測の事態に備えることができるのではないかと思います。

「年間で考える」「最低額から考える」この2つを踏まえて、支出目標を設定します。

年間に予測される最低手取り収入を計算

年間に予測される最低手取り収入を考える時、できれば残業代等の「変動する手当」などは考慮しないのが望ましく、月々の収入の幅が大きい場合は「前年度の一番収入が低かった月」の月収を基準にすると良いと思います。

また、投資益や、不確定な副収入は確実なものでない限り「ないもの」として考えます。

私の場合、一年の中で最も少なかった月の手取りで考えました。

年間に予測される最低手取り収入は、

(月○万×12か月)+(賞与△万×2〈夏冬2回〉)とします。

これから予測される大きな支出を考える

これからかかるであろう大きな支出を考えます。

既にわかっている大きな支出は、目標を立てる段階で予算に織り込んでおきます。

例えば、車の維持費(車検)、車の部品の交換、家電や携帯電話の買い替え、家賃の更新料、年払いの保険料、予定されている友達の結婚式出席にかかる費用、旅行費、不定期な支出に備えての費用……などの支出です。いつまでに、いくら必要なのか書き出しておきます。

月々の生活費目標を考える

あとは計算式に当てはめるだけ。｛（年間に予測される最低手取り収入）－（目標貯蓄額）－（予測される大きな支出）｝÷12という計算でこれから目指すべき月々の生活費が算出できます。この時点で達成が不可能だと思ったら計画を修正します。繰り返しますが、私にとって支出の目標は「貯金を楽しむための目標」です。

貯金の大きな目標をざっくりと立ててみた

人それぞれでしょうが、私は貯金するのに「だいたいこれくらい」という貯金の目標を立てていました。社会人1年目の22歳の時は「年間150万貯める」。25歳の時は「27歳になるまでに1000万貯める」。28歳で「20代のうちに資産2000万にする」。

このような感じ。特に「老後までに〇千万貯めなければならない」などという崇高な信念などでは全くなく、貯金するのに目標を立てないといけないということも一切ないのですが、私の場合は少し先に目標を立てるとそれに向かって計画がしやすかったからです。

目標の数字の決め方？　適当です。テキトー。自分でできそうな範囲で決めるだけ。

だって、「いついつまでにいくら貯めないといけない」ということなんて人それぞれで、「自分にはいくら必要か」なんて正解はないし、誰も教えてくれませんから。老後までに3000万だか5000万だかという金額もいろいろ提示されているけれど、提唱されているのはあくまで一般論。自分に必要で、適正な金額は、これらの情報をもとに自分で考えて見つけないといけないのです。

それに、いつまでにいくらを貯めておけば安心……だなんてことは、ありませんよね。

これからの人生、突発的に大きなお金が出ていくかもしれませんし、何かやりたいことが出てくるかもしれないじゃないですか。そんな時に「老後までにいくら貯めておかないといけない」だなんて思っていたら、貴重な機会を逃してしまうかもしれません。

「お金をいくら貯めるか」より、**「手取り収入（可処分所得）内で生活できる方法を習得する」**方が遥かに実利的で重要だと思います。このスキルを持っておけば、将来受け取る年金などのお金が少なくても、突然予期せぬことで収入が減ってしまっても、生活することができます。

とはいえ、お金はないよりもあった方がいいに違いありません。

そんなわけで目標は持っておくことにします。いわば、私にとっては貯金の目標とは、ゲームみたいなものです。

貯金の目標額はこのような感じで決めています。

自分でできる範囲の金額に設定する

私のようなただの雇われ会社員で、「30歳までに5000万円！」などという大それた目標を設定してしまうと、これを達成するために大きなリスクを取ることになります。

大きすぎる目標はモチベーションが下がってしまう（ストレスになる）ため、コツコツ会社員の私は、基本的には自分の手の届く範囲で設定します。この手の届く範囲というのは、「今の自分でもちょっと頑張れば達成できる範囲」ということです。

例えば、今のお給料が手取りで20万円で、支出17万円貯金3万円の家計だったとしたら、支出15万円貯金5万円を目指す……という感じです。

きりのいい数字にする

目標はきりのいい数字に設定します。なぜなら、前述の通り私にとってはゲームだから。**楽しむべきものだから**です。

順番としては、まず10万円→30万円→50万円→80万円→100万円→130万円→150万円→200万円→300万円……。桁がふえる「100万」「1000万」などの数字は一つの節目として楽しみに目標に組み込んでおきます。

貯金のPDCAを実行してみた

私がやっていること

PDCAサイクルという単語を聞いたことがあるでしょうか。PDCAは「Plan」「Do」「Check」「Act」の略で、これが何なのかと言うと、要は「計画し」、「実行し」、「見直し」、「改善する」ということを繰り返し行っていくということです。以下は具体的に私がやっていることです。

●計画を立てる

前項で立てた大きな目標に対し、計画を立てます。

この時、この目標を達成するための小さな目標を立てます。例えば、現在25歳で貯金なしの時に、「30歳までに500万以上貯めたい」と一つの目標を立てたとします。「5年間で500万を貯める」にはどうしたらいいのか考えた時、「1年に100万円以上貯めることを5年間継続すれば達成できる」と考えます。「1年で100万円を貯める」にはどうしたらいいのか考えた時、「1か月に8・3万円以上貯めることを1年間継続すれば達成できる」と考えます。

このように「5年間で500万円貯める」→「1年間で100万円貯める」→「1か月で8・3万円貯める」というように大きな目標を達成するための小さな目標を立てていきます。

目指すところは「5年間で500万円貯める」という目標一つなのですが、実際これから行っていくのは「1か月で8・3万円貯めることを繰り返す」ことです。

5年後の貯金を500万円にするのは無理だと思っても、1か月先の貯金を8・3万円にすることなら達成できそうですよね。「これなら実際にできそうだなあ」という、自分の手の届くところまで目標を小さくしていきます。できそうなところで落ち着いたら、今の自分の収入と支出から、1か月で8・3万円貯めるにはどうしたらいいのか計画を立てます。

1か月で8・3万円を貯金する手段は何でもいいので、先取り貯金でガンと月初に貯蓄用口座に8・3万円移して残りで生活するというだけでも構いません。これを考えた時、「月々の生活費を10万円以下に抑える」などの、小さくも新たな「大きな目標を達成するための小さな目標」ができてきます。あまりキツキツにして組むと達成できない時に挫折してしまいますので、「これならできそうかも?」という、あくまで〝今の自分に実現可能なところ〟に目標を設定します。

実行する

実行するといっても、立てた計画をふんわりと頭の片隅に置いて普通に生活していくだけです。計画の時点で「ここは直さないとなあ……」と感じたところがあれば、意識だけしておきます。守ろうとして気にすると疲れてしまうので、意識だけです。

私の場合は、「1か月の予算は大体これくらい」という金額だけ頭に入れて、見直し用に家計簿をつけておきます。家計簿はざっくりです。便利な家計管理アプリもあるようですが、私の場合はレシートとクレジットカードの明細書を取っておくだけです。

見直す

計画がうまくいっているか、見直しを行います。見直しは、期間が終了してからではなく、期間の途中で行います。例えば先ほど挙げた目標であれば、それぞれの目標に対して、

「5年間で500万円貯める」→1年くらいで見直す
「1年間で100万円貯める」→4か月くらいで見直す
「1か月で8・3万円貯める」→10日くらいで見直す

私ならこれくらいの頻度で見直しを行います。

頻度は人それぞれかと思いますが、**「ここから見直せば、まだ修正がきくと思う時期」**を選ぶと良いと思います。この時、期間の途中で見直すので、目標を既に達成できている状況はまれです。

「残りの期間で目標を達成するにはどうしたら良いのか」、計画通りにいきそうにない時は「うまくいってないなあ。何がいけなかったんだ？」というところを見直します。家計簿はこの見直しの時に使います。

この見直しの時点で、何かしらの修正を行うことになります。

例えば、「1か月で8・3万円貯めるには月の支出を10万円以下に抑える必要がある」ことがわかって計画を立てたとして、月の20日の段階で確定支出が7万円だとしたら、残り10日を3万円以下で生活する方法を考えます。月の20日に見直しをした時に既に10万円以上使ってしまっていた場合や、月末時点で目標達成できなかった場合は、達成できなかった原因は何だったかを考えます。「ついお菓子を買いすぎてしまった」「今月は友達の結婚式だったので削れない大きな出費があった」など、いろいろ達成できなかった原因が出てきます。

改善策を考える

見直しで出てきた問題に対して、改善策を考えます。例えば、計画を達成できなかった原因が「お菓子を買いすぎてしまったからなあ……」と思ったとしたら、改善するための方策を考えます。勘違いしてはいけないのは、問題を解決するための方法が「大好きなお菓子を我慢し、お菓子代を節約する」ことだけではないことです。

解決策は一つではなく、

「お菓子に使う金額は今のままで、代わりに服飾費など、他の支出の予算を少なくする」

「お菓子はその都度買いに行くのではなく、週2回と決めて予算内でまとめ買いする。その代わり好きなものを買う」

「店頭でバラ買いはやめ、ネットでまとめ買いして同じ量で安く手に入れる」

など、代替案や、より低コストで同じ効果を得られる手段を含めて検討します。


いくつか挙がった方策のうち、「最もストレスを感じずに簡単にできそうで、今後も気軽に続けられそうな方法」を選び、計画に入れ直します。ストレスの溜まる・手間のかかる・頑張らないといけない方法を選択する必要はありません。

「友達の結婚式があったから」というような〝削減・節約できない原因〟だったとし

たら、「あるとわかっている大きな支出を、目標を立てる時に予算に入れ忘れた」ことが問題なので、別の友人の結婚式や車検などの他の〝これからあるとわかっている大きな支出〟を忘れたりしていないか、似たような問題が今後に控えていないかということを探します。こういった問題と解決策を見つけたら、冒頭に戻って、実現可能な計画を立て直します。

こうして、PDCAを目標達成するまで繰り返していきます。

これを繰り返していくと、解決できなかった問題を把握し、それに対する改善策や対応策を考えることができるため、目的を達成するための手段が最適化されていきます。

再度計画を立て直す

見つかった問題に対しての改善策を組み入れて計画を修正します。

「今月は突発的な支出があったから目標の貯金まで3000円届かなかった。来月は特にイベントがないから、生活費の予算を3000円減らして挑戦してみよう」

「そういえば冬になったらスノータイヤを買うんだった。3か月後に買うとして、今月から積み立てておこう」

等、現実的に達成可能な計画にしますが、目標はきつめでもゆるめでも構いません。達成できなくても別に死にはしないので、私はきつめに設定することが多いです。

また私の場合は、計画を余裕をもって達成できそうであれば、ほんの少し目標を大きなものに修正します。「月8・3万円と設定したけど、どうやら月9万円貯金できそうだ」と思ったら月9万円貯金する計画に直してしまいます。

再度実行する

前回見つかった問題と、それに対して考えた解決策を頭にふんわり意識しながら生活します。

再度見直す

前回と同様に計画がうまくいっているか考えます。

あくまで重要なのは、「食費を2万円以下に抑える」などの小さい課題を達成することではありません。月の途中で見直すのは、「1か月に8・3万円貯めるという目標が達成できそうか」。年の途中で見直すのは、「1年で100万円貯めるという目標が達成できそうか」です。

うまくいっていなかった時、「前回出てきた問題に対して考えた改善策は実行できたか」をぼんやり思い出します。

「お菓子を買いすぎて予算がオーバーした問題」に対して「買いに行く頻度を週2回に減らして、予算内に収める」という改善策を選択したとして、「やっぱり毎日買いに行ってしまって不達成だった」「週2回に守ったのに、予算に収まらなかった」「しっかり守ったのに、1か月に8・3万円以上貯められなかった」といったような様々な結果があります。

「やっぱり毎日買いに行ってしまって不達成だった」→「この方法は自分に合っていなかったんだな。じゃあ他の方法にしてみよう」

「週2回に守ったのに、予算に収まらなかった」→「この方法自体は守れるんだな。予算の見直しをしてみよう」

「しっかり守ったのに、1か月に8・3万円以上貯められなかった」→「ということはお菓子ではなくて他に原因があるんだな。他の支出を見てみよう」

というように、原因を分析して新たな改善策を考えます。この時、達成できなかったからと言って落ち込む必要はありません。しかし、もう少しのところで達成できないと悔しいものです。

あくまでゲーム感覚で「楽しく」考えます。

PDCAを繰り返す

PDCAを繰り返すうちに、大きな目標を達成するための「自分だけの小さな目標」がたくさんできてきます。

「1か月を10万円以下で生活する」「食費は大体これくらいに収まるようにしよう」「再来月、友達の結婚式があるから今月と来月で積み立てておこう」等です。全ては

「5年間で500万円貯金する」から分岐してきた目標なので、小さな目標は達成できなくてもあまり気にしません。達成できなかったら方法を見直し、修正するだけです。

この時、状況によっては計画だけでなく目標を変えることもしばしばあります。お給料が減ったり、予測できず削減も不可能な出費があったりした場合にはサクッと目標を「ちょっと頑張れば達成可能な目標」に修正します。逆に、目標を早めに達成できた時はもっと大きな目標に変更します。

小さな目標がたくさんあっても人間の脳は覚えきれませんので、PDCAを繰り返していくうちに「設定したけどあまり役に立たなかった目標」や「特に意識しなくても達成できる目標」は淘汰されていきますが、それは忘れて構いません。あくまで忘れてはいけないのは「5年で500万貯金する」という目標だけです。

貯金や支出の管理はゲームみたいなものです。自分が楽しめる方法が一番なのです。

貯金のPDCA

Plan
計画する

貯金額の目標を立てる
(5年で500万→1年で100万→
1か月で8.3万)

▼

Do
実行する

1か月の目標金額を意識して生活
(ざっくりした家計簿で出費を把握)

▼

Check
見直す

期間の途中で計画を見直し。
計画通りにいきそうにない時は、
家計簿で問題を把握

▼

Act
改善する

見直しで出てきた問題に対し、
改善策を考える

▼

Planに戻って計画を立て直し、**PDCA**を繰り返す!

家計簿のつけ方

そもそもなぜ家計簿をつけるのか

「家計簿のつけ方」と聞くと、「どうすれば家計簿を挫折せずにつけ続けられるのか」という〝方法論〟を取り上げる書籍やサイトも多いですが、それは重要ではないと私は考えています。

貯金のＰＤＣＡの「見直す」ということにおいて、大体何にいくら使っているのか、支出を大雑把にでも把握する必要があります。あくまでこの「支出を把握する」という目的を達成するための手段の一つが家計簿であるだけであって、方法は一つではなく家計簿でなくとも構いません。**支出を把握しているなら家計簿など不要です。**

ただ、現実的に、記録をつけずに支出を把握できていることはまれです。家計簿とはこれから目的に向かって進む道や行動を決めるためのコンパスのようなもの。

家計管理や貯金ができていない状況とはいわば広大な砂漠にいるようなものなので、自分のいる場所がわからない、どちらの方角に進んだら良いかわからず迷っている（＝貯金するためにどうしたらいいかわからない）場合においてはコンパスの存在は重要です。

自身の認識と実際の支出は大体はずれていて、自分がこうだと思った道と実際の道が完璧に合っているということはあまりありません。

私は日々の支出などいちいち覚えていられない凡人なので、しょっちゅう道に迷います。コンパスなくして砂漠でどのように進んだら良いか、道を見つけることができません。そのため家計簿をつけています。

私にとって、家計簿とは支出を記録して自己満足に浸るためにつけるものではありません。「つけてはいるけど見直しをしていない家計簿」も「持っているだけで見る気のないコンパス」と同じであまり意味はないと考えています。

「家計簿」でなくてもよい

慣れないことやめんどくさいことを習慣化することは難しく、実は私も「支出の記録（家計簿）をつけ続けること」は何度か挫折と再開を繰り返しています。

というわけで家計簿は几帳面な人や家計簿をつけることが苦でない人でない限り、可能な限り手間のかからないように簡略化します。

参考までに私の家計簿のつけ方をお伝えしておくと、お店で貰うレシートやクレジット明細を取っておき、10日ごとにエクセル家計簿で集計して月末に締めるという、それなりに「めんどくさい」方法を採っています。

大体自分の行動を思い出せるのがそれくらいで、10日程度の支出なら集計に時間も手間もかからず、かつ先述したＰＤＣＡの見直しにもちょうど良い間隔だからです。

人にとっては「めんどくさい」作業かもしれませんが、私にとっては習慣化しているため苦ではありません。家計簿をつける方法としては王道とも言える方法ですが、結構手間のかかる家計簿のつけ方だと思いますので他の人にはおすすめしていません。

これは「私の性格に適した方法」であり、万人に適している方法ではないと思います。

集計は10日ごとと決めてもうっかり忘れてしまったり、紙に記入したりエクセルに入力するのも億劫になってやめてしまう人もいるでしょうから、方法は人それぞれで良いのです。世の中にはクレジットカード明細や家計管理アプリなど便利なツールもありますので、文明人ならこういったツールを使用する方がストレスなく続けられるかもしれません。

家計簿は「適当」でいい

家計簿で重要なのは「帳尻を合わせること」ではなく「支出を把握すること」です。大雑把な数字、かつ支出項目も4〜5つくらいの少ない家計簿で構いません。

「貯金のPDCAを実行してみた」の項で「計画する」「実行する」「見直す」「改善策を考える」を繰り返すということを行って手段を最適化していくことを述べました。

このうち、「見直す」時に、「適当でもいいからつけている家計簿」の存在は大活躍するのです。例えば、「コンビニで意識せずに〝ついで買い〟しているお菓子に実は月6000円使っていて、そのせいで月の生活費の予算をオーバーしている」という自分では気づいていない問題点が隠れているとします。

この時端数切り捨て、支出項目が「家賃・光熱通信費」「食費・雑費」「交際・娯楽費」「その他」の4項目しかない適当な家計簿をつけているだけでも、「あれ？　食費は2万くらいだと思っていたのに、2万6000円だなんて、思っていたより多いな。どうしてこんなに多いんだろう？」「こんなに使っているはずないのにな」ということに気づきます。

この時、半月分程度のレシートをちらっと見直すことで、「あれ？　これはひょっとしてお菓子か？　そういえば毎日買っているような……」と気づくことができます。「疑わしきはお菓子」だとしたのなら、実状を把握するために「お菓子代」という支出項目を新たにふやします。最初から項目を細かく分ける必要はなく、必要であれば把握できない支出が発生してから疑わしい支出を分ければ良いです。

家計簿の項目は最初はシンプルに、少なくしておきます。わざわざ細分化して手間をふやす必要はありません。なお、私の「初期の家計簿」を見直すと、やれ牛乳がいくらだ魚がいくらだということまで記録につけていました。途中でめんどくさくなったらしく、その後2か月も経たないうちにスーパーでもらったレシートの支出は「食費」に統一してありました。

家計簿をつけていてもつけられなくても何はともあれまず「結果」、これに尽きる

いかなる手段やツールを用いても、支出の記録自体がつけられなかったり家計簿が肌に合わない場合もあるかと思います。また、家計簿をつけただけで満足してしまうこともあります。しかし「家計簿をつけること」が重要なのではなく、「支出を把握すること」、ひいてはその前の目的である「貯金すること」が重要なので、実はこういったことは些末なことです。重要なのは「結果」です。

手段とは目的を達成するためのもの。つまり、目的が達成できていれば手段など不要です。家計簿をつける目的とは、多くの場合「貯金すること」と仮定して話を進めます。テストと同じです。要は採点して、まず結果を知る。結果が芳しくない場合にはどこを間違えたのか、弱点は何なのか見直すということを行います。

「採点」とは何かと言うと、月1回、決まった日に〝全財産を数えるだけ〟で良いです。

毎月1日でも構いませんし、お給料日でも良いです。

特に有価証券や投資信託などに分散している人でなければ、預貯金と手持ちの現金を数えて合算し、紙でも携帯のメモ機能でもいいのでメモしておきます。この月1回の数分程度の作業により、支出の中身はわからずとも〝結果〟……つまり「正確な支出額」「正確な貯金額」が採点できます。

（前月の資産額＋今月の収入－今月の資産額）で1か月の正確な支出額が計算できます。

（今月の資産額－前月の資産額）で1か月の正確な貯金額が計算できます。

「先月の支出額、思っていたよりも多いけどなぜ？」「先月の貯金額、思っていたよりも少ないのはなぜ？」

自分が思っていた数値とおおむね一致し、貯金額も目標を超えているのならわざわざ手間のかかる家計簿をつける必要はありません。

支出額や貯金額に疑問が出た場合、自己認識と実績の差が大きいことは、支出を把握しようとするモチベーションになります。自分は8万円で収めたつもりの支出が、実際は11万円だったら、3万円何に使ったのか気になりませんか。

自分は10万円貯められたと思ったのに、実際には7万円しかふえていなかったら、自分が気づいていない「3万円分貯金できなかった原因」があるはずなのです。この「自分では気づけない支出」を把握するためのツールが家計簿です。差異が出てきた場合には原因を考えます。この時、わからなくても構いませんが、考えることだけはしっかり行います。

支出の優先順位を考える

まずは完成している支出（生活水準）を見直す

貯金をふやすために「家計を見直して、無駄な支出をなくそう！」ということはまず頭に浮かぶことと思います。けれど、支出に無駄がないか見直しても、「無駄な支出が見つからない。なぜ？」ということがあります。

この場合、無駄が見つからないのは当然なのです。なぜなら、自分にとって無駄な支出はないからです。

車の維持費。ちょっと疲れた時に食べるケーキ。趣味のコレクション。週1回通って楽しみにしている習い事。休日のレジャー。

「必要か無駄か」と言われたら、どれも必要な支出ではありませんか。私は必要な支出だと思います。では、これが「生きるのに必要な支出かどうか」と言われたら、私は生命維持のためには全く必要のない支出だと思います。

家計のほとんどを占めるのは実は「最低限生きるのに必要な支出（ないと死んでしまう支出）」ではなく、**「削減は可能（＝なくなっても死なない）。だけれど、生活を豊かにするために自分にとっては必要な支出」**がほとんどです。

「〝自分にとって必要な支出〟を積み重ねた結果、家計を圧迫している」というのが「支出に無駄はない、けれど貯金できない家計」です。つまり、**収入に対して生活水準が高い**のです。というわけで「無駄をなくすこと」は重要ですが、同時に「完成している支出の見直し」も行います。言うなれば、「生活水準の見直し」です。

無駄な支出が見つからない人は、それが「必要かどうか」ではなく、「その支出がなくなっても生きていけるのかどうか」で考えると、本当に必要な支出とは何なのかがわかり、支出の優先順位が見えてくるのではないかと思います。

家計はゼロから足し算で組み立てる

目標を立てたら、自分の生活費を認識するための家計の見直しを行います。予算立てする時、私は何もない状態＝ゼロから組み立てます。「あれがないと」「これがないと」という支出はいくつも出てきますが、私はいったん今現在の家計は忘れて、予算ゼロの状態から優先順位の高い順に予算を振り分けていきます。

支出を削減する時は、優先順位の低い支出の予算を減らしていきます。優先順位は次のように決めています。

1. 生きていくために必ず必要になる支出

- ガス・水道・電気などのライフラインの基本料
- 生きていくために最低限必要な食費（酒やお菓子や嗜好品は除く）
- 生きていくために最低限必要な雑費（トイレットペーパーやサニタリー用品など）

生命を維持するために最低限必要なコストを試算します。独身一人暮らしの私は月あたり食費に1万円、雑費に1500円。ライフラインに8000円に予備費を加えて年間30万円程度を見ています。実際に私が年間30万円で生活しているわけではありませんが、生存するために必要なコストは年間支出100万のうちこれくらいで、これ以外の70万円のコストは人生を楽しくするため、生活を便利にするための支出です。

この「ものさし」を持つことで、今の自分の生活がどれだけ恵まれているか認識することができるのです。

2. 負債（借金）

住宅ローンなど一部を除き、「負債の返済」は優先されるべき支出です。なぜなら、時間とともに払わなければならない利息が膨らんでいくからです。

3. 毎月一定額引き落とされる支出

家賃など、回避できない固定費を数えます。家賃を挙げましたが、これからの貯金の軸を左右するほど重要な固定費です。下げられるなら最大限下げる努力をします。

ここまでの1～3が「生きていくのに必要か、もしくは回避できない費用」です。大体の場合において変動することはないため、固定費として見ておきます。ここから先は削減可能な〝変動費〟として設定します。極端な話、削ろうと思えばいくらでも削れる支出です。

4．人生を豊かにする支出

基本的に「自分にとってこれがないと人生楽しくない」というものを割り振ります。私の場合は冠婚葬祭費・交際費・旅行費・親孝行費などがこれに当たりますが、人それぞれでしょう。

人によっては好きな食べ物やお酒だったり、車だったり、漫画やアニメだったり、アイドルのライブだったりするのでしょう。

5．なくても死なないが、生活上必要なもの

- 車の維持費
- 携帯やネットなど通信費

・必要最低限の化粧品・消耗品
・コンタクトレンズ（メガネで代用可能な場合）

「携帯やネットがない生活なんて信じられない！」「コンタクトがないと会社に行けない！」「車がないと生活できない！」という人をよく見ます。

総じて、「これがないと生きていけない」ということらしいのですが、彼らはそれがないと本当に死んでしまうのでしょうか。

これらは私の知る限り生命維持に寄与しませんので1番で挙げた「最低限の食費」と比べると優先順位は下です。これらは「ないと生きていけない必需品」ではなく、「あったら便利なもの（生活水準を上げるためのもの）」であり、削減が不可能な生きていくための支出とは明確に分けておくのが良いと思います。

6. 欲しいもの

・食費（酒やお菓子などの嗜好品・贅沢品、外食など）
・服飾費・美容費

・趣味・娯楽費
・その他欲しいもの
「欲しいもの」としましたが要は「1～5に当てはまらないもの」です。

1～6と割り振りましたが、自分が重視していることとその支出の比率が一致していると生活の満足度は高くなるように思います。
「自分が価値を感じていることと支出のウエイトが適正か」という点も一緒に見直すと、不要な支出が見えてくることがあります。

独身一人暮らしの私なら、人間らしい生活を送るために必要な費用は1か月あたり「家賃＋4万円」、そしてそれに人生を豊かにする支出をプラスして予算立てが終わります。家賃を除き、毎月おおよそ7万～10万円程度の幅で予算を組んでいます。家賃を除いているので、結構ぜいたくに予算を取っているつもりです。

物欲をコントロールするには

物欲はないのですか？と聞かれる

私はブログで家計簿を公開していますが、家計簿をご覧になった読者の方から、「美容費や趣味費が少ない……。**ITTINさんは物欲がないんですか？　仙人ですか？**」と質問を受けることがたまにあります。年間美容費が約2万円という少なさから、おっさんではないかという疑惑が生まれたことは一度や二度ではありません。

もちろん私は仙人ではありませんので人並みに物欲があります。ましてや、独身一人暮らし社会人です。

欲しいものや食べたいものはたくさんあるし、車があれば便利だから欲しいですし、国内外を飛び回って旅行にも行きたい。世界のいろいろな食べ物や風景を楽しみたいし、親孝行だってしてしたいのです。

この物欲というのは、私の場合一つでは収まりません。「欲しい」と思うと、芋づる式に「あれも、これも」と様々な欲求が出てくるのです。結局〝自分の〟欲なので、そういうテンションの時は使いたくなってしまうものなのです。一つ欲しくなると、以前からコレ欲しいなあって思っていたものまで連鎖して記憶の奥底から掘り出されてくるんですよね。

しかし、100円レベルから100万円単位の「欲しいもの」もありますので同時に叶えることなんてできません。あれもしよう、これもしようと全て実現しようとすると、何十万、何百万とかかってしまいますので物欲をコントロールする仕組みを考えなければなりません。

欲しいものリストを作って「支出の優先順位」を認識する

物欲がわいてきた時は「欲しいものリスト」を作ります。

この作業は「物欲の全体像の把握」のためです。

チラシの裏に書き殴るでもいいですし、スマホや携帯のメモパッドに打つでも構いません。通販サイトの「欲しいものリスト」に片っ端から登録するのでもいいです。とにかく思いつく限り出し尽くします。

高いか安いか、今必要かどうか、でもコレを買っちゃったらお金が……なんて、何も考えません。モノ、サービス、分野もバラバラ。ただ欲しいもの、やりたいことを書くだけです。ホントに欲しいかな～？　と思ったものでも、とにかく思い浮かんだ時点で書きます。恐らく大量に出てくると思います。ここで思い浮かばないものは今の自分には必要ないもの、というくらい真剣に考えます。

出揃ったら、ここからは情報を整理してやるべきことを洗い出します。

欲しいものに、以下のような情報をつけていきます。

・おおよその価格
・おおよその維持費（年間維持費、保有予定年数）
・今でなければならないかどうか（後回しにできるかどうか）
・情熱・欲しい度

この情報を書いているうちに、要らないと思った「欲しいもの」はリストラしていきます。そして、上記の情報を見ながら、欲しいものに順位をつけていきます。

あとは簡単。1番から順に消費していくだけ。

欲しいもの（目的）がわかれば、「いつまでに、いくら用意すれば良いのか」という目標と計画を立てることができます。

また当然ですが、この「欲しいものリスト」はどんどん変わっていきます。

半年前のリストでは全く違うものを欲しがっている。今は買う気にならない。というのもやはりありますし、その逆もあります。

「欲しいものリスト」こんな感じです

欲しいもの	おおよその価格・維持費	今でないといけないか	欲しい度	備考
コート	2万	否（できれば冬までに）	★★	
旅行	3万	GWに予定あり	★★★★★	
親孝行積立	総額60万 海外旅行1人30万×2人	親の都合による旅行行くまでに必要	★★★★★	積立が必要
車 新車の軽 10年乗る予定	本体価格100万+年間維持費30万 ×10年=約400万	否	★★★★	数値は概算。幅あり
美容院	3000円	今月までご新規割引適用	★	逃すと4000円

▼ 優先順位をつけて並べ替え、1番から消費していく

優先順位	計画
1. 親孝行積立	月5万ずつ積み立て。1年間
2. 旅行	3・4月で1.5万円積立
3. 美容院	美容費として一括で支出する
4. コート	美容院の後、美容費を積み立てる。月5000円×4か月？
5. 車	1～4を手に入れたら考える

手に入れるまでにやや時間を置くことによって、衝動買いを回避できます。

内容は意外と忘れているものなので、新しいリストを作った時に過去のリストを見てみると、「なんでこれが欲しかったんだろう？」となったり、「そうだ、これが欲しかったのを思い出した。結構長い間欲しいと感じているものだし、今度は順位を上げよう」となったり、面白いですよ。

物欲は「抑えること」が重要なのではない。手に入れるために積立する

「節約」というとどうしても「ケチケチしなければならない、やりたいことを我慢しなければならない」と考えてしまいませんか。

私はそのように考えず、やりたいことは確実にやります。欲しいモノやサービスが出てきた時、「今でないといけないもの（手に入らなくなってしまうもの）」と、「今でなくともよいもの」に分けることができます。

その時期しか意味のないもの、期間限定で購入を逃すと流通がなくなってしまうもの、緊急性があり早急に用意しなくてはならないものは、「今でないといけないもの」。具体的には、日付の決まっているコンサートのチケットや、上映期間が決まっている映画のチケット、友達と予定を合わせて行く旅行などでしょうか。

「今でなくともよいもの」を判別するのは、「今すぐに欲しいかどうか」ではなく、「数日後や、数か月後にしても手に入るかどうか」で考えます。「今すぐに欲しいかどうか」で判断すると、全ての欲しいものが「今でないといけないもの」になってしまいます。

私の場合は独身一人暮らしですから自分のお金の使い方は自由なのですが、だからこそ可能な限り「これが欲しい、必要だ！」という主観的評価を避け、客観的な評価になるように意識しています。

「今でなくともよいかどうか」で考えた時、欲しいものが、「今すぐでないといけないもの」であるケースは、私の場合まれです。

欲しいな〜と思ったもののほとんどが「今でなくともよいもの」ですので、これを前提に考えていきます。

主にこのような順序で考えていきます。

- その買い物に「いくら必要であるか」考える
- 「いつまでに」欲しいか考える
- 期間で総額を割って、期限までに買えるようにするには月あたりいくら必要か考える
- 無理がないか家計と照らし合わせる（無理があった場合は、期間を長くしたり代替品を探します）

あとは月あたりで決めた積立額を毎月先取り貯金や何やらで貯めていくだけです。

1万円のバッグが欲しいなら、5000円の服飾費を2か月貯めて買えばいいのです。

これは「消費を我慢している」「消費を諦める」のではなく、翌月に楽しみを取っ

てあるだけ。本当に欲しいものは、家計に無理なくいずれ手に入ります。

手に入れるまでの過程を楽しむのも「楽しいお買い物の方法」の一つなのです。積立を始めたその瞬間から、ワクワクを楽しむことができるのです。

そうして手に入れたモノは愛着もわくし、長く使いますし、大事にします。少なくとも洋服を買ってタグがついたままタンスの肥やしになることはありません。

逆に、積み立てているうちにあまり欲しくなくなってしまうものも存在します。そういったものは本当に欲しいものではなかったのです。一時の衝動だっただけ。衝動買いを回避できてラッキーだと思います。

ゲームのようでとても楽しいですよ。

より低コストな代替サービスを検討する

私は、社会人3年目の時に、異常に「車が欲しいよ欲」に掻き立てられたことがありました。寝ても覚めても、車が欲しい……欲しい……欲しいよウワアアアアア！という欲求に襲われました。

重い荷物を運びたいとか、通勤に困っていたわけではなく、ただただ車に乗って旅がしたかったのです。つまり自分一人だけの娯楽のために車を欲していました。高原や広くて気持ちのいい道をドライブして、道の駅に寄って買い食いして、そして車中泊がしたかったのです。それはもう、どうしようもなく。

本体価格や税金が安く、燃費が良く、長く乗れそうで、車内でも寝ることができそうな車を目を血走らせながらどの車種が良いか片っ端から調べまくり。マットや毛布などの車中泊グッズを何かに憑かれたように調べまくり。

仕事以外の時間はバイク旅日本一周の動画を見て「水曜どうでしょう」のＢＧＭを流していました。恐らく傍目には20代後半の独身女のさまではなかったと思いますが、もはや私の頭の中には車のことしかありませんでした。

女性が車中泊することのセキュリティ上の対策まで調べ、狂乱し、いざディーラーの場所を調べ始めた私でしたが、ふと思いました。

「当然のように車を買おうとしているが、これって代替できないのかな？」

そう思い、代替案を探すことにしました。

カーシェアリングサービス、レンタカー、タクシー……これらを代替案として車を保有する必要性を考えた結果、私の場合はタクシーやレンタカーや公共交通機関に月4万円以上のお金を使わないのであれば、車を保有する必要がないと判断しました。

サービスの使用頻度が高ければ車の保有を選んだでしょうけれど。

自身の生活や環境に合わせて、「選択肢を複数用意しその中から選ぶ」、ということが重要であると思います。

結婚や出産でもして世帯構成が変わればまた状況も変わってくるでしょうけれども、状況が変わったら考えればいいやと思っています。

26歳で1000万貯めてみた

お買い物する前に「総額（トータルコスト）」を考える

数ある支出の中で最も管理が難しい支出が、「維持費が発生する支出」だと思います。維持費のかかるお買い物をする時、ついつい「ランニングコスト」や「月額」に目が行ってしまいますが、「トータルコスト」で考えるともっと多くのお金が必要であることが多いのです。

ここで紹介するトータルコストとは、次の3つを合算したものです。

「保有する・始めるために必要なお金」（初期費用・本体の購入・入会金など）

「維持するための費用」（利用料・メンテナンス費用・年会費など）

「保有をやめたり、サービスを終了する時の費用」（解約金・違約金・粗大ごみや不燃ごみの処分にかかるお金など）。

維持するための費用の総額を、保有する予定の期間から試算します。

総額を知ることで、身の丈に合わない買い物が買う前に判明したり、「いつまで保有するのか」という維持予定期間を適切な時期に設定できます。

ある時は人生を豊かにし、ある時は便利なものなのだけれど、維持費がかかるお買い物は確実に家計を長期的に蝕《むしば》む支出ですので、購入前に十分に検討する必要があります。

支出と収入のバランスを考える

家計の見直し時、生活水準が収入に対して高すぎないかを考えることが重要だと思います。私がお給料を得ることができる社会人になった時、「収入に対して高すぎない生活水準」とはどんなものなのか、わかりませんでした。

生活費や家賃の予算設定はどのようにすれば良いのだろうか。適切な予算を調べたくて家計相談のサイトなどを拝見すると、「収入に対して〇%貯蓄できていれば良いです」とか、「家賃は収入の〇%にしましょう」という言葉が躍っていました。

ここで疑問を持ちました。

「普通の生活費」というのがどれくらいの金額なのか参考にする程度の役には立ちましたが、重要なのは「いつまでに、いくら必要であるか」ではないかと思うのです。しかしそれは個人によって異なり、他人の数字はあまり自分とは関係がありません。「平均から見て、いくらあれば大丈夫」というのは、意味がないではありませんか。したがって、「手取りの〇%が適切な予算だ」と言われるセオリーはあてにならないなあ、と思ったのです。

そんなわけで私の場合、生活費の予算設定はいたってシンプル。自分に必要な分だけ。自分が使う分だけ、です。

生活水準を上げる基準は「必要かどうか」

私が26歳の時に1000万円貯蓄した要因の一つに、「収入が上がっても、生活水準を無用に上げない」ということがありました。つまり、「お給料がふえたから、車買っちゃお！」「ボーナスが出て貯金がふえたから、贅沢しちゃお！」という、「収入や貯金がふえたことによってふえた支出」はありませんでした。強いて挙げれば貯金の目標を達成したご褒美で買ったケーキくらいです。

生活水準を上げるかどうかの基準は「お給料からどれくらい使って良いのか」ではなく、「その支出が自分にとって必要かどうか」です。

私の社会人1年目の年収は額面で330万円で、その後年々昇給なり昇進なりでお給料は少しずつ上がりました。しかし、「自分に必要かどうかの基準で支出する」

ということを心がけていたためか、新入社員の時でも社会人6年目でも、生活水準は恐ろしく変わりがありません。変わったことと言えば、昇進したことによって出張がふえたり、上司や同僚との社内の付き合いや後輩や部下におごる機会がふえたという、環境の変化による支出増はありました。しかしこれは「必要と判断した支出」なので問題ありません。

生活費では社会人1年目どころか、一人暮らしが下手だった大学生の時よりも支出としては減っているかもしれません。総じて、買い物の判断基準は「必要かどうか」です。

「ずっと節約のことを考えていたら、疲れてしまいませんか?」

ブログに、「四六時中、節約のことなんて考えられません。ITTINさんは、ずっとお金のことを考えていたら、疲れてしまいませんか?」というご質問をいただいたことがあります。

うむ。貯金するためにはどうすればいいのかと毎日考えたり、四六時中節約しなきゃと思い続けることなんて、私にも無理です。

そんなことを毎日何時間も考えていたら、疲れてハゲてしまいます。では私が無理なく節約を続けられるコツは何だろうか、と考えてみました。答えは「お金が出入りする時だけ考える」でした。お金が入ってくる頻度はあまり高くないので、言うなれば「お金を使う時だけ考える」です。**私はめんどくさがりやでズボラなので、四六時中考えられるほど器用な頭をしているわけではないのです。**

つまり、考えるのはお財布に触る時だけ。お財布を開く時だけ。ネット注文なら、会計の画面に飛ぶ前だけ考えます。お金や節約のことを考える時間なんてせいぜい一回の消費につき数分。頻度にしても、私は可能な限り消費回数を減らすよう心がけているので、数日に一回あるかないか、というところです。

「考える」という行為はそれなりにエネルギーが要ります。ずーっとお金のことを考えていたら、疲れてしまいます。「消費する時だけ考える」方式にしたところ、ちょっとしたコンビニでの買い物などどうでもいいことにいちいち考える労力を使うのが嫌になり、「消費回数を減らすこと」を心がけるようになりました。結果的にチョコチョコ買い、〝ラテマネー〟の削減につながっています。消費しない時はボケーとしてますし、全然関係ないことを考えています。アホのように友達と飲み明かしていることもありますし、無心でゲームに興じている時もあります。

貯金や投資、これに費やす時間や労力自体は極力削減する方が望ましいです。貴重な努力や時間を使うなら、こんなものではなく人生を豊かにする別の価値あるものに使えばいいでしょう。投資や貯金なんぞよりも、もっと価値のあることに人生の時間を使いたい。楽しいことに人生の時間を使うためには、お金があった方が選択肢がふえるだろうと思うのです。

コツコツ貯金を続けるコツは、ユルいこと。無理をしないこと

貯金がうまくいかない人が陥りやすいのは、「貯金は頑張るもの」ととらえてしまうことではないかと思います。頑張るということは、自分に発破をかける、言うなれば無理をするということです。貯金は「思考する」ことはあれど、労力や時間自体が必要になることはごくまれであるに関わらず、です。

よくブログの読者さんが私について勘違いされているのが、「ITTINさんは完璧にお金の管理ができていますよね」ということです。

答えはNO。私は旅行先のお土産屋さんで謎の木刀（邪魔）を買ってしまったり、なけなしのお小遣いで別に着る予定のないペンギンの着ぐるみ（4000円）を買ってしまったことのある女なのです。家に帰ってきてから魔法が解けて正気に戻り、己の愚かさに気づいたものの、後の祭り。仕方なくペンギンの着ぐるみを着て鏡の前をスッと通り、そしてそっと脱いで何事もなかったかのようにタンスの奥深くにしまい

ました。買ったはいいもののあまり着ていない服もたくさん持っています。

この本に書いてある私のお金に関する考え方は、これらの「今思い返しても狂っていたとしか思えない謎の浪費衝動」に惑わされた後悔や、数々の失敗から得た考え方なのです。

裏を返せばこのようなアホでも、完璧に管理しなくても、多少穴があっても、それなりに貯金はできるということです。誰しもが、「しっかり自己管理ができる」というわけではありません。自己管理能力に乏しい私のような人がお金を貯めるには、アホでも貯まる仕組み作りが大事

着る予定のないペンギンの
着ぐるみをなぜか買った
黒歴史(笑)
4,000-
シャー!!

なのです。

それぞれに性格や嗜好があり、例えば私は「ご飯をまとめ炊きして小分けにして冷凍すればいちいち炊く手間が省けるよ」という自分にとっては最も楽ちんで低コストな自炊テクを実践していますが、ある人は米を炊くこと自体が苦痛でコストが高いと知りつつレトルトご飯を選んでいたり、またある人は「冷凍ご飯のチンなんてまずくて食べられない、俺は炊きたてじゃないとダメだあ」といって毎食炊いている人もいるわけです。

味や手間や性格を加味して「それぞれの米の食べ方」に収束していくわけですよね。

貯金も同じです。それぞれの違いがあっても、たどり着くまでの道が異なるだけです。給与からの貯金をベースとして資産をふやしてきた私からすると、コツコツ貯金とは「ゆるやかなマラソン」みたいなものです。ペースを上げすぎたり、休憩なしで走り続けたり、他人の速度に合わせて無理をしたりすると結局「やっぱやーめた」と続けられなくなります。

過度な節約により猛ダッシュで1年間突っ走るよりも、ゆるやかなランニングのような節約を5年間続ける方が結果的に貯金できます。「考えていて、疲れてしまうような節約」、続けていて苦痛に感じること自体が、既に無理が生じているということです。

いくつ節約や貯金の方法を考えてもいいのですが、「自分にとって、楽ちんで、続けられそうな方法」をいくつか選択してそれだけ守る、という方が続くかもしれません。

「私は節約している」という意識を持たないようにしている

「節約が楽しい」「節約すること自体が趣味だ」という人は別ですが。

「節約は、やっぱり節約していると思えるくらいには行動しないといけないのでは？」

「でもやっぱり続かない」という人は「貯金は〝頑張るもの〟」という意識にとらわれているのだと思います。「無理のない節約」だなんて、「節約していないのと同じこと」

に感じてしまうことはありませんか。

節約の目的とはそもそも「貯金すること」「浪費を減らすこと」なので、結果が伴っていれば頑張らなくてもいいのです。結果が芳しくない場合に、それを達成するための方法を考えて実践すれば良い。

もしかしたら目的を達成するために努力が必要になることがあるかもしれませんが、基本的に労力を使わない方法を実践します。「私は節約している（頑張っている）」という意識は、目的が達成できれば達成感が得られて次にもつながるポジティブな要因にもなるのですが、一つ懸念すべき弊害があります。

「**自分へのご褒美**」が発生してしまうことです。

自分へのご褒美とは、頑張っている自分に対して発生する報酬です。人間の体と脳は単純なもので、たとえそれが自分自身のために行ったことであっても、労働に対して報酬を要求するようにできています。これだけ頑張ったから、買っちゃおうかな。これだけ頑張ったから、これくらいはいいだろう、と。

近くのスーパーで150円で売っている野菜を100円で買うために2km自宅から遠いスーパーに行ったとして、2km（往復4km）自転車を漕いで節約した自分に対して、100円のアイスをついでに買っていこうというご褒美が発生していては、本末転倒ですよね。この場合、「最初から近くのスーパーで150円の野菜を買って帰る」方が安く、無理がなく、時間も節約できて、かつ節約していない（頑張っていない）ので自分への褒美も発生せず、より合理的な選択になります。

自分にとって無理なく続けられる方法。これを模索することこそが、貯金するコツなのだと思います。

お金をかけることを惜しまないもの

お金をかけることを惜しまないもの。つまり、節約してはいけないもの、「家計の聖域」です。一般論は知りませんが、私の中では3つあります。

1つは交際費。2つ目は自己投資費。3つ目は教育費です。（私は独身一人暮らしですが）

まず交際費。交際費とは、「人と付き合うための お金」「人のために使うお金」とします。友人との旅行、会社での飲み会、家族へのプレゼントなど。友人の出産や結婚などのお祝い、お葬式などの冠婚葬祭費用もこれに含みます。

これは人脈の形成と人生を充実させるのにとても重要です。

会社の飲み会に出席しますか？　飲みの場でこそ知ってもらえる自分の人柄、新しく見ることができる同僚や上司や部下の顔もあるでしょう。コミュニケーションに最適な非常に重要な場です。

友人の結婚式には参加しますか？　誰か

の幸せは、別の誰かの幸せを呼びます。何よりその友人は、自分をわざわざ選んで呼んでくれているのです。大事な友人だと思ってくれているなら、大切にしたいと思いませんか。**人も人脈も、お金では買えません。「また今度」の「また」は、二度とありません。その一度きりの機会は、お金では買えないのです。**

そして自己投資費。私が独身だから言えることなのですが、**シングルで生き抜いていく資本は「自分そのもの」です。**自分の生活費は自分で稼ぎ、そしてそれはずっと続きます。

健康、収入、いろいろありますが、自分への投資は強固な武器となっていくでしょう。自身の収入をアップさせるための資格やスキルはもちろん、マネーの知識などの直接仕事に関係ない勉強も、自己投資になるでしょう。お金があっても資格や知識、経験は買えないので、ひとえに交際費と一緒で「せっかくの成長の機会を、節約で無駄にしない」ということですね。

実際のところ、資産形成を行うのに最も重要なのは「継続した安定収入」です。自分自身を資本とし、稼ぐ力を身につけることを模索するのは重要だと思います。まあ、数年後に自分に稼ぐ力がどれくらいあるかなんて、私にはわからないのですが……。

最後は教育費ですが、これは私の育ってきた環境が影響しているのだと思います。私は自分の学びたい道を歩ませてもらうのに、高額な学費を親に負担してもらいました。その道に進みたくて必死に勉強したけれど、試験に受かるだけではだめなんです。試験を受けるにはお金が要る。合格しても、学校に通うにはお金が要る。専門書や教材、備品の購入にもお金が要る。家から通えない範囲の学校なら、在学中の生活費だって要る。学費を出せなかったら、私は自分の進みたい道を歩めなかったのです。快く「自分のやりたい道を進むと良いよ」と言ってくれた親に今でも感謝しています。

私が今お給料をいただいているのは、学生の時に培った知識と資格によるものと言っても過言ではありません。自分の学びたいことを、自分で選んで学べることの幸せは何にも代えがたいもので、これはもし自分に子供ができた時も同様です。もっとも、これは子供ができてから考えればいいですね！

第3章

20代で資産運用を考えてみた

投資は自己責任で

様々な投資手段は「ツール」に過ぎず、個人によって最適なものは異なる

私は投資に関して素人ですが、幸運なことに本やブログで自分の考えや、実際にやっている投資などをご紹介させていただく機会に恵まれました。

この一冊がどなたかがお金のことを考える一歩になればそれに勝る喜びはありませんが、この本をご覧になって、「将来のために、私も投資を始めよっと♪」と思う人も、もしかしたらいらっしゃるかもしれません。**でも、その投資。ちょっと待ってください。いくら相場が良くても、他人が儲かっていても、いかに良さそうなものでも、投資は自己責任ということを忘れてはいけないと思います。**

一般論ではありませんが、投資を始めようとする時、私が心の片隅に置いていていることを述べていきます。

まず、私が現在行っているコツコツ積立投資などは、資産形成のためのツールに過ぎないということです。私にとっては車や包丁と同じ、道具です。言うなれば、「良い投資方法を教えてくれ」とする疑問・質問は、「とても良いハサミはどれか」というものと全く同じ類の質問です。

この本をご覧の皆さんは良いハサミはどれかと聞かれて、どれを「これが良いハサミだ」と答えるでしょうか。まず良いハサミを選ぶにも、目的から既に分岐します。「紙を切りたい」「肉を切りたい」「布を切りたい」……ハサミを使う人が布を切りたいのなら、一般的に裁ちバサミが最適なハサミであるということになります。

更に、裁ちバサミを選ぶのに、これも右利きの人と左利きの人、指の細い人、太い人では、使いやすいハサミは異なります。人によっては値段に比して切れ味の良い「コストパフォーマンスの優れているハサミ」を選び、人によっては人間国宝の職人の作った至高の逸品を「これが優れたハサミだ」とし、人によっては「ウチには小さい子供がいるし裁縫なんてしないからハサミなんていらない」とハサミ自体の保有を拒否する人もいます。つまり、「万人にとって最も良いハサミ」は存在しません。

投資も同じ。人によって運用の目標（いくらふやしたいのか、年率何%を目指すのか）が異なり、人によって運用想定期間（短期か、中期か、長期か）が異なり、人によって運用資金も収入も貯金も支出も異なり、人によってライフプランも全然違うし、立っているステージも許容できるリスクも異なる。

全てが同じ人なんていないので、せいぜい素人にできることは「自分と資産状況や人生のステージが似た人や、マネーリテラシーが高そうな人を探して参考にする」程度のことです。

既婚か、独身か。20代か、50代か。子供がいるか、いないか。貯金が100万円か、1000万円か。皆違います。つまり他人が着ている服が自分に合うかどうかはわからないということ。これを認識すると、「信頼できそうな、プロの○○さんがやっているから、自分も……」とはならないはずです。

「お金の目的」は後から決めても良く、目的別にお金を育てる必要はない

これまでに「いつまでに、いくら必要なのか考えて行動することが必要ではないか」「個人によって最適なものは異なる」と述べてきましたが、お金をふやすための金融商品を目的別に貯蓄・運用をする必要はないと思っています。

例えば子供が生まれて、「子供の教育資金を確保するために運用しよう」と計画する場合、真っ先に学資保険が思い浮かぶ方もいらっしゃるのではないかと思います。学資保険は子供の学費の確保を目的として保険料を支払い、決まった時期に給付金を受け取れるものですが、資金が満期まで長期的に拘束されるデメリットを取って〝子供の教育資金のため〟に学資保険を選ばなければならない理由はあるのでしょうか。もちろん学資保険が悪いというわけではありませんが、子供の教育資金という目的に

こだわらず、別の商品で確保するという選択肢もあるということです。

お金そのものには「このように使うべきだ」「このようにふやすべきだ」という〝色〟は決まっておらず、私たち自身が自分の人生や価値観に合わせてお金に色づけしていくものだと思います。

「販売者」「情報の提供者」は責任を負わない

商品を提供してくれる銀行、証券会社などの金融機関はただの「販売窓口」です。「商品を買ってもらい、顧客が得た利益の一部を報酬として利益を受け取る」のではなく、「商品を売ること自体によって販売手数料により利益を出す」のです。つまり、商品を売った顧客の運用成績には金融機関は一切の責任を負いませんし、端的に言えば「善意で儲けさせてくれる人」ではありません。商品を買ってもらうためにメリットは丁寧に説明してくれますが、リスクの説明は法的義務の範囲内で行えば良いわけです。

自分が販売側の立場に立って考えてみると、懇切丁寧に顧客を慮《おもんぱか》って、説明する義務のないデメリットまでことさら詳しく説明した末に、「そんなリスクがあるなら、買うのやめるわ」と言われてしまったら、商品を買ってくれる人がいなくなって困ってしまいますよね。

ある外貨建て商品の説明ページで為替手数料がいくらなのか気になって探そうとした時、為替手数料の記載だけえっらいわかりづらい別リンクになってて、ゴミのように小さい文字のリンクをクリックして、リンク先の一番下までスクロールしないと探している情報が出てこなくて、さらにフォントいくつだよってくらい極小の字で記載されていて、そうして

探し当てた為替手数料がバカ高かったことがありました。都合の悪いことはことごとくわからないような構成になっていても、しかし「書いてある」のですから説明義務は果たしているわけです。見ていない方が悪いのです。だって書いてあるのですから。これを見て、販売する人は、為替手数料が高いことに気づいてほしくないのだな、と思いました。

つまり「買う側」が見るところはＨＰのトップやパンフレットの表紙に書いてある目立つ大きな字ではありません。真に読み込まなくてはならないのは目立たないところに書いてある極小文字です。「金融機関にとっては不都合だから隠したいけど記載しないといけない情報」は小さく目立たないところに書くしかない。これを読み込んで初めて、損失を被った時に「説明が足りない」と文句を言えるわけです。

投資は「減ることがある」

当然ながら投資は価値の変動するものに財を投じるという行為なので、**「減る可能性がある」ということです。**私は一企業が倒産することで全てを失ってしまうような投資はしていませんが、買った分だけ減る可能性があると思って投資しています。そうすれば相場の変動にいちいちやきもきしなくて良くなるからです。というわけで私の投資額はかなり少なめですが、代わりにどのような暴落が来ても生活には支障がありませんし、相場の変動にハラハラすることもなくのんびりと続けることができます。

どのような手法で投資しても、リスク資産に財を投じる時点でリスクを取っていることには違いありません。また、投資先や手法によりリスクが低減するのだ云々と論じても、投資に伴うリスクそのものが減っているわけではないと思います。

どんな合理的な手法でも、投資である限り「損失を被る可能性がある」という事実は変わらないのです。自分にとっての最適な方法は、誰も教えてくれません。ノーリスクで儲かる方法はありません。自分で調べて、自分で考えるしかないのだと思います。

投資は少額で始める

それがどれだけ良さそうな投資に見えても、「最初は自分でも引くほど少額で行う」、というのが初心者が初めて投資を開始する上での最適解になるのではないかと思います。

事前に学習して「わかったつもり」になっても、その実理解できていないこと、間違えて認識していることは必ずあります。初めて行うことなのですから、当然のことです。

判断を間違えた時や、想定外の事態で損失を被った時、全力で投資しているとやり直しができません。一回の間違いで即退場になってしまうような金額を投入しないことが重要だと考えます。

少額で実際にやってみることで、始めるまではわからなかった（わかったつもりでいた）リスクや投資対象の性質をより理解することにつながりますし、実際に相場の動きによる損失を経験できる「投資の試運転」に役立ちます。

また、〝自分自身〟のリスク許容度を比較的安全に知ることができます。

これくらいは損失になっても自分は許容できるだろうという「想像」と、リアルマネーの損失という「現実」はもたらす衝撃が異なりますが、もともと投資しようとしていた金額の1／10で取引すれば、1000円の損失や利益が出た時に「本来ならここで1万円の含み損（含み益）か……」といろいろ考えることができ、想定と現実のすり合わせを行うことができます。

これを繰り返すことで〝自分のリスク許容度に合った投資額〟が決まっていきます。

何かの「見落とし」は必ずあるものとし、「最悪の事態（なくなること）を想定して投資額を決める」ことが重要ではないかと思います。

20代で投資を始めることのメリット

早めに投資を始めることで、勉強できることのメリット

20代で投資を始めよう、という趣旨の文章を飾る謳い文句として、次のような文言を見ることがよくあります。

「20代で始めて時間をかければ、複利でふえていくから、早い方が良い」

「早いうちに始めれば、投資の練習ができる」

「若いうちに始めれば、もし失敗しても取り返しがつくし、冒険できる」

「将来は増税やインフレでお金が足りなくなるので、我々の老後は大変なことになる。今から投資をしないと乗りきれない」

これについて、私は否定はせずとも「本当にそうなのかな？」と思っています。なぜなら、「まだ若いから」というあいまいな理由で、仕事して稼いだ大事なお金を不必要に大きいリスクにさらして冒険しないといけない必要性を感じないからです。若いうちから投資の経験を積んでトレードのスキルを身につけても、相場が暴落すれば等しく損失を被りますし、ちょっとかじった程度の個人が相場で勝ち続けてコンスタントに収入を得ることはほぼ不可能だと思います。もしかしたら勝ち続けられるという天才がこの世にもいるのかもしれませんが、その天才は私ではありません。「投資したお金を失っても、若いんだから失敗を糧にしてまた稼いで再チャレンジすれば良い」と言われても、そのお金は20代だろうが70代だろうが大事なものです。

単純な複利計算が適用できるほど相場は一本調子ではありませんから、複利計算のシミュレーションは基本的に概念だけ参考にする程度です。一旦は資産がふえても、いざ売るときに相場が暴落すれば損失になる可能性もあります。

インフレについては第1章で述べた通り、インフレに対応するためだけにリスクを取らなくてもいいのではないかと考えています。

けれども、実際に投資を始めるかどうかはさておいて、**私は早いうちから投資（人生のお金）について考えた方が良いと思っています。**練習して技術を身につけるなどではなく、**「お金について考え、意識し、勉強できる時間が多くなる」**からです。始めるのが早ければ早いほど、知識を得るための時間が多くなるのです。数ある金融商品の特性や税金の仕組みについて、焦ることなく勉強することができるのです。私達は、自ら勉強しなければ、お金について全く無知なのです。

私は早いうちから（実際に始めるかは別として）お金について考えた方が良いと思っていますが、残念ながらお金をふやすために必要な知識を持っていません。なぜなら、学校でお金の教育を受けていないからです。つまり、間違ったことを正しいと思い込んだり、誤った金融知識を覚えているのだと思います。私は過去間違えていましたし、今も間違って覚えていることがあるでしょうし、これから知識・認識を改めることもあるでしょう。

「最初から合理的かつ効率的な投資手法にたどり着いて適切な金額で実践する人」はまれだと思います。勉強しようにも、ネットや書籍には非常にたくさんの「本当かどうかわからない」情報があふれており、とりわけ「副収入」や「資産形成」を謳う商品には素人目に見ても詐欺ではないかなと思う商品も多く、その正否や真偽について素人が判断するのは困難です。投資信託だけでも数千種類あるのですから、何を買おうか迷ってしまいます。

投資を始める前の私より、投資を始めて間もない私より、今こうして本を執筆させていただいている私より、1年後の私、10年後の私の方がきっと詳しいでしょう。私と同様に多くの人が「投資の王道」と聞くと株や投資信託、FX、純金積立などが思い浮かぶと思いますが、現実にはたくさんの金融商品や投資手法があって、その中には投資家が不当な損失を被る仕組みになっているのではないかと感じるものもしばしば見受けられます。知識とは、こういった〝地雷〟を回避することにつながるのではないでしょうか。

少しでも興味を持って、情報に触れておくことで少しずつお金についての知識を得ることが重要なのではないかと思います。早めに投資を始めてお金に触れる時間が長くなるということは、学んだり、気づいたりする時間をふやすことでもあると思うのです。

勉強しても投資のリターンが上がるとは限りませんが、勉強することで不必要なリスクにさらされる可能性を減らすことができると思います。

投資はリスクを取らないとリターンを得られませんが、**リスクを取ったからと言って必ずしもリターンが上がるとは限らないのです。**あくまでリスクはリターンに見合う範囲に留め、不必要なリスクは回避したいものです。

収入も欲しいけどチキンなのでリスクの考察も……

「複利効果」を計算して、「毎月5万円をただ貯金していくのと、毎月5万円を年利5％で運用していくのでは、30年後にこんなに差が開く！だから投資を始めよう！」という説明をよく見ます。

これを見て、いつも感じるのは違和感です。

「いや、想定では順調にふえているけど、実際は減ることがあるじゃん？」

「年利5％は確定されているリターンなの？」

過去の平均リターンがそうだったから、という理由で3～5％という数値で試算しているらしいのですが、運用に失敗した時はどのくらい減るのかを教えてくれないのはフェアじゃありません。期待通りにリターンを得られて資産がふえることを想定するなら同時に、リスクを加味した「運用が失敗した場合の想定」も行って初めて、投資を行うかどうかの判断に踏み切れるものだと思います。

リターンだけでなくリスクの考察を行った上で、財を投じるかどうか決めるべきかなあと思ったのでした。

投資の前に貯金だ

まず貯金、その理由は

「これから投資を始めてみたい」。そんな時、**投資を始める前にまず第一にやることは私は「家計を管理し、貯金すること」だと思います。**証券口座の開設は数日でできますし、投資のお勉強はお金を貯めながらできます。私が思う、投資を始める前の貯金が成す重要な役割を3つ挙げてみます。

【1】自身の生活を確保する

投資は余裕のある資金で行うことが原則などと言われますが、まず前提として「投資の損失によって自身の生活が破たんする」ということは絶対にあってはいけないと思います。まずは自身の生活を確保するための貯金をおすすめします。

「人生を逆転するための手段」などという宝くじのようなイメージで語られることもある投資ですが、実際には**投資に全力勝負する必要は全くありません。**

私は300万ほど貯金した時に、最大損失を10万円を超えない額で投資することにしました。確保しておくべき資金は、「突発的な事態（長期入院、身内の不幸、災害、失職など）に対応できる金額」＋「結婚式や教育費、マイホームの頭金など、使う予定のあるお金」というのが最低ラインかなあと思いました。お金の置き場所はいろいろありますが、**すぐに取り崩しがきいて、災害時にも銀行の窓口で引き出せる預貯金を持つ**ことも重要なのではないかと思います。

私の場合は資産が1400万になってからようやく重い腰を上げ、預金の一部を株や投資信託に振り分けることにし、分散投資を開始しました。そんな人間もいます。他人がどうであるとか、平均投資額がいくらだとかは関係ありません。

投資とは万人が行わなければならない必須科目ではなく、資産を形成するためのツールだと私は思っています。人生の選択肢を広げるための、ただの道具に過ぎません。

道具に振り回されて自身の生活が狂うことは絶対にあってはいけません。

【2】 貯蓄体質を作る

「投資するのになぜ貯蓄体質になる必要がある？　投資は収入をふやすことで、節約は支出を減らすことだから、関係ないのでは」と言われそうですが、節約も投資も資産をふやそうとする行為です。「自分の給料から貯金する」という、最も簡単な貯蓄法が身についていない状態で投資を行って利益を得てもお金はふえません。器にお金を入れても、器がザルなら漏れ落ちるからです。**まずはお金を得た時に、器からお金がこぼれ落ちない仕組みを作っておくことが重要です。**

また、貯金する額がふえると投資できる額が大きくなり、転がす雪玉が大きくなります。雪玉が大きければ大きいほど成長するスピードが速くなり、時間が経てば経つほど差が出てきます。

投資は錬金術ではないのでそもそも種銭がなければできません。ある意味、自分の資産の資本は自分自身です。というわけでまずは種銭を貯めること、それ以前の段階である種銭を貯める能力を養うことから始めます。

【3】精神的に余裕を持つ

例えば１００万投資していたとして、自分の全資産１０００万から10％運用した場合と、１００万の全資産を１００％全額運用した場合では、自分の買った商品の価値が下がった時の危機感が違います。１００万円の全財産があれよあれよと損失を出し続けた時、相場のことが気になってしまって日常生活に影響が出てしまいそうですよね。これは損失が自分の許容範囲を超えているからです。

ストレスの度合いは人によって違うと思いますが、ストレスから逃れるために無用な売買をしてしまうかもしれません。短期投資の場合は、損切り（一定の損失になったらこれ以上資産を毀損しないよう損を確定すること）をすると決めていたはずのところででききずに損失が拡大するかもしれませんし、長期投資の場合は最初に買った時数十年ずっと持ち続けるはずだった投資信託を、動揺して売ったりしてしまうかもしれません。

誰でも最初は初心者ですので「間違える」ことは多々あります。しかし、このたった一回のミスが命取りになる金額での運用をしてはいけません。たくさん余剰資金があれば間違えても舵の取り直しができて、かつちょっとやそっとの値動きではあまり気にならなくなります（↑私がずぼらだからかもしれませんが）。

投資額は冷静さ、ひいてはある程度の大雑把さを保てる範囲で。長期投資の場合はどんな大暴落でも耐えられる構成にしておくことが重要です。

投資は自己責任なのです。

初心者が投資をする時に気をつけるべき点

世の中に無数にある金融商品、全部見ていたら疲れちゃいますよね。時間だって財産ですし。専門知識のない投資素人の私の場合、地雷を踏み抜くのを避けるための簡易的な基準が5つほどあり、商品特性やリターンの良し悪しを詳しく調べる前にこの点をまずチェックしています。色んな商品を調べた中での**あくまでも「私の」基準です。**

1．証券会社や銀行が熱心にオススメ！しているものは避ける

証券会社、銀行、保険会社が再三メールやチラシを送ってきたり、会社のＨＰのトップに広告が貼ってあったりするもの。

とりわけ「高利率！」「高利回り！」という売り文句が入っているものは注意しています。別に高リターンの商品が悪い！詐欺だ！というわけじゃありません。ただ、銀行や証券会社がコストを費やして広告を打つ理由は、それを買った人が儲かるからではなく、人に買って貰いたいからではないかと思うのです。つまりオススメの商品とは、販売手数料が高い、「売る側が儲かる」ものが多いのではないかという穿《うが》った見方をしています。一商品のマージンの多寡などは投資しようとするものの成績には関係がなく、それが「高額な」ものだったからと言ってその後のリターンが上がるわけではありません。むしろ、手数料の原資はどこから得るものなのかを考えると、手数料が高い商品ほどマイナススタートであり、リターンを削るであろうと推測されます。

そして、**「高リターン」の商品の裏には必ずそれに伴うリスクが隠れています。**例外はありません。リターンに見合うリスクを把握して購入するのであればやぶさかで

はありませんが、高リターンの裏に隠れているリスクや仕組みを理解できないものには投資しないことが原則です。

基本的に高金利商品に関わらずどの商品も「この商品はこんな素晴らしいメリットがあるんですよ！　自分でこの文書読んでリスクを理解したら同意欄にチェックつけて申し込んでくださいね☆」というスタンスです。

チェックつけたりサインして買った時点で自己責任です。説明がわかりにくかったとか知らなかったとか後から言っても通じません。

とりわけ〝複数〟の証券会社が〝同時期〟にオススメしてくるものは手数料等……売る側にうまみのある商品であるということ。ノルマ商品です。それが優良な商品であるかどうかは、売り手が大手か否かは関係ありません。

また、「大人気」という文句は、販売側が売りたいから使われるのです。つまり販売側にとって手数料がたくさん取れてうまみのある商品が多く潜んでいると考える方が良いでしょう。**いったい、何人が、どんな人が、いくらくらい買ったものを人気と言うのでしょう。**人気があって、みんなが買っている商品が必ずお得で、高パフォーマンスなのでしょうか？　超・高コストな分配型の投資信託やその国の国民さえ買わないような高金利通貨建て商品にこの文言が使われているケースが非常に多く、警戒すべき表現だと思います。

金融緩和やNISAにより、投資に対して敷居が低い世の中になりましたし、選択肢や調べる手段もふえました。

一つの場所から与えられる情報に躍らされず、自分で自分の身を守る必要があります。

2．「○○向けの商品です」という文言がついているものは避ける

「初心者におすすめです」「女性の方でも安心です」「主婦向けです」というような「無知な人大歓迎」とばかりに作られたであろう売り文句が入っている商品は避けます。

これらの売り文句が入った商品の説明に目を通してみると、「証券会社がおすすめする商品」と同様に、メリットはわかりやすく書いてあるのですが、デメリットの説

明は簡素もしくはすごく小さな難しい表現で書いてあったり、仕組みが複雑で非常に高コストであることが多いです。初心者向けを謳いながら、ぜんぜん初心者向けじゃありません。

「初心者向け」というフレーズを聞いて「初心者でも安全で、簡単に、儲かるんだ！」と我々は自分の都合の良いように解釈しますが、売る側からすれば「初心者に買って欲しい商品」だから「初心者向け」と文言をつけるのです。

言い方は悪いですが、「ろくにリスク、リターンやコストを計算できない（気づかない）人に買ってほしい」という意図が隠れている商品が往々にして存在します。これも販売元が信用できる大手か否かは全く関係がありません。

「○○向け商品」とは、「○○に買ってもらいたい商品」と変換します。必ずしも○○に当てはまる人が買っても儲かるとは限りません。

自分の名義で自己の判断のもと資金を投入する以上、全て自己責任です。自分で勉強して、わからないならやめておくべき。初心者であること、高齢者であること、女性であることなど、市場では一切関係ありませんし、損失を被った時の言い訳にはなりません。自分の決断が出した損失は全て自分に帰結します。

3．根拠なくむやみに褒める口コミが多いものは避ける

初心者が投資を始める場合、高確率で「口コミ（他者の評価や経験談）」を調べますよね。ネットにあふれている口コミの中には、一般の投資家を装って、業者が宣伝しているものが存在します。「月収14万の俺が3か月で300万の副収入！」「専業主婦の私が1000万稼ぎました。今日は20万円☆」とのたまい利益を出し続けているような、架空と思われるブログがレビューしている金融商品は買ってはいけないと思います。「私がやっているのは、たったこれだけです」とアフィリエイトに誘導したり、メルマガ購読に登録させたりするサイトが紹介する商品も同様です。

「あなただけに」「今だけ特別に無料で公開しています」という文言をよく見ますが、顔もわからない人に無料で儲かる情報を教えるはずありません。

こういうサイトはリスクはもちろん、かかっているはずの税金のことや確定申告など実務的なことは一切書いていません。いくら儲けたという、夢を見ることができそ

うな情報だけです。ホンモノだとしたら伴ったリスクを記載せずに果実だけ見せびらかすのは明らかにおかしいのですが、実際に引っかかる人もいるのかもしれません。巷にはたくさん情報があふれているけれど、そう簡単には儲かりませんので気をつけましょう。

4．法で保全されているものを選ぶ

一企業の倒産や運用会社の破たんなどの「たった一つの要因」で投資したお金がパアになってしまうような、脆弱なシステムの上に成り立っているものに多額のお金を置いておくことはできません。コツコツと一つの商品に積み立てたのに、運用会社が破たんして資金を「持ち逃げ」されるパターンは避けなくてはなりません。

具体的には、販売会社・運用会社・銀行・その口座を開設する業者が破たんした時、自分の投資したお金が法的にどの程度保護されるかを調べます。

破たん時のルールを見てみると、全額保護される、一定割合（一定金額）まで保護される、全く保護されない、など、様々な制度が存在していることに気づくと思います。

運用したい商品が信用リスク（倒産や債務不履行などでパアになるリスク）を負ってい

る商品に投資してはいけないわけではありませんが、そういったものに投資する場合には、投資資金がパアになる事態も想定しての投資額に留めるべきでしょう。

5．長く運用されている方法や商品を選ぶ

世間の言うことは変わるので、流行に流されずに続けられる方法が良いと思います。個人的には、長期的な資産形成を目的とするつもりなら「流行の投資」「新しい（先進的な）投資」はできるだけ避けるか、控えめにします。

リーマンショック前は「投資しない人は損しますよ。皆どんどん投資して、賢く資産をふやしましょう」。

リーマンショック後は「欲を出して投資に手を出していた人達が損しましたね。投資は多額の損失になる恐れのある怖いものだから、こうならないように堅実に働きましょう」。

ドル／円が80円台だった時は、「これからどんどん円高になる。1ドル50円時代がこれから訪れるぞ」。

ドル／円が120円台を突破した時は、「1ドル140円時代が来るぞー」。

と言われているのを見ました。まあ言いたい放題です。

ちょっと好景気が来たからと言って「さあ皆さんどんどん投資をしましょう！」と言われても、どうせ数年後は言われていることもコロッと変わっているだろうから最初から気にしないようにするのが吉。投資を行うかは世間の風潮や流行り廃りではなく、自身の人生から見出すものです。

経験からではなく、歴史から推測することですが。今後も10年単位で似たような傾向が繰り返されるのでしょう。長期で投資に臨む場合には、上がる時も下がる時も、自分自身が他者の意見にぶれずに続けられる投資を選びたいと思っています。

確定拠出年金とやらに入らされたんだが、なにこれ

ここからは無知な私が経験してきたことを挙げたいと思います。

私が〝ザ・お金の運用〟に初めて触れたのは確定拠出年金でした。

就職して新入社員研修を受ける際、「確定拠出年金のしおり」と書かれたファイルを貰いました。カクテイキョシュツネンキン、聞いたことないけどすごく強そうな名前……、いったいどんな制度なんだろうと思いました。

まず、年金の種類について触れておきたいと思います。私達が支払った保険料に対して老後いただける「年金」には、「公的年金」と「私的年金」の2種類あります。「公的年金」は、国が運営する年金制度で社会保障制度の1つ。国民年金、厚生年金、共済年金があります。

一方、「私的年金」は国以外の組織が運営する年金制度です。企業年金や、民間の保険会社が販売している個人年金保険などです。

確定拠出年金とはどちらであるかと言うと、私的年金の一つです。

さらにさらに、確定拠出年金には2種類あり、企業が掛け金を負担する「企業型」と、個人で掛け金を負担する「個人型」があります。

私は「就職した会社が確定拠出年金を採用していた」ので、「入るか入らないか」という選択を迫られることもなく、企業型確定拠出年金に強制的に加入することになりました。会社からの説明はこんな感じでした。

「当社は確定拠出年金を採用しています。退職金の代わりとして会社が毎月掛け金を支払い、そのお金は個人が運用でき、将来受け取る退職金は運用成果に左右されます。第三者機関が資産を管理するので、会社が倒産しても退職金が守られます。

ただし、会社を中途で退職しても、本来は退職金の代わりとなるものですので、これまでの掛け金は定年まで引き出せません。次の就職先が確定拠出年金制度を採用していれば、これまで運用した商品の移管（移し替え）ができます」

年金制度と確定拠出年金の構造

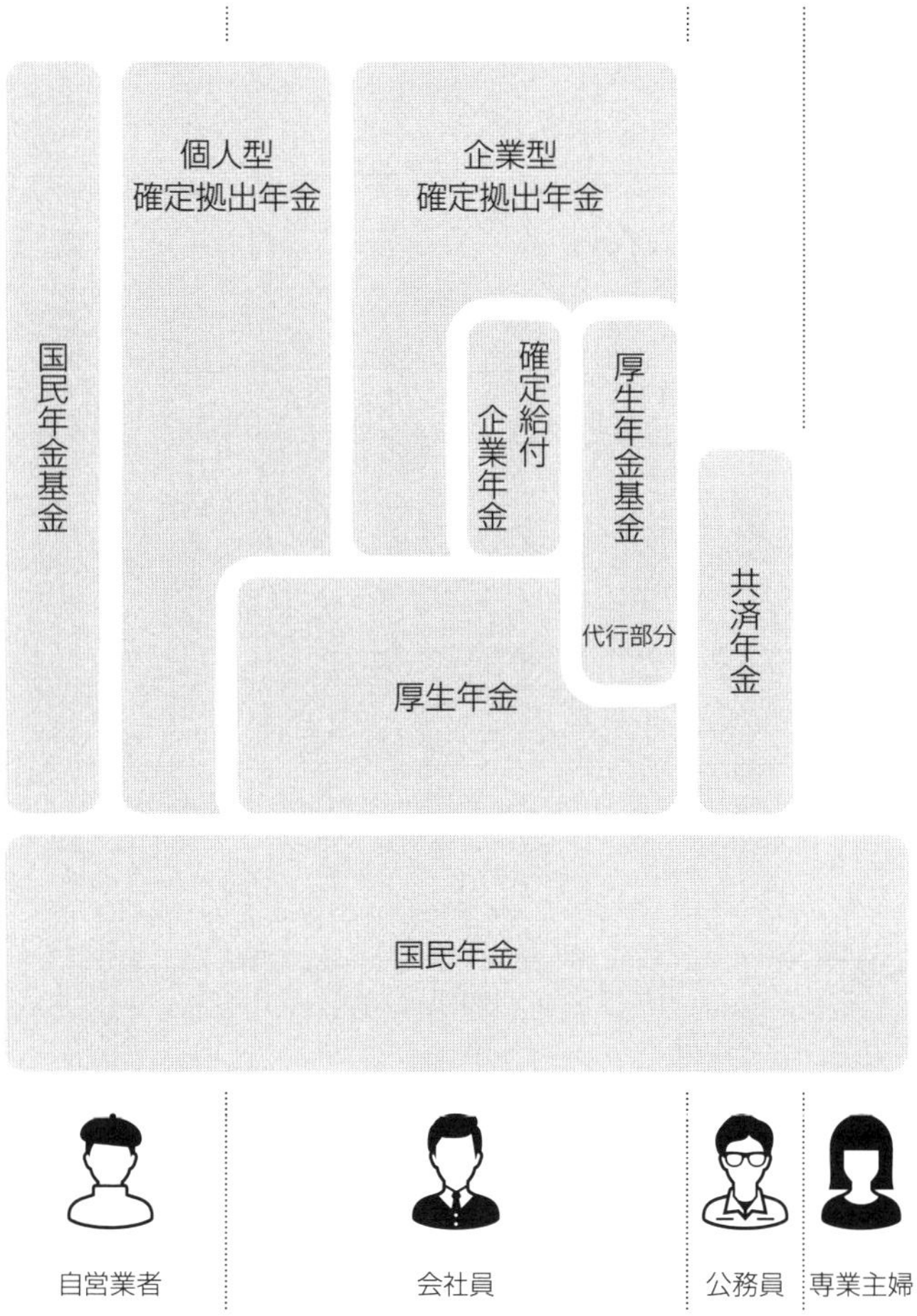

ふむ。

やたら難しいことを言われた気がしますが、要は「退職金代わりにお金を毎月会社が負担するけど、自分の年金は自分の責任で自分で運用してネ☆ふえても減っても知らないよ☆」ということのようにとらえました。

新入社員で、かつ投資のトの字も知らない私でしたが、強制加入だったので仕方ありません。「将来の年金の受取額が運用成果に左右されるなんて、怪しい……。きっと損をしてしまうんだろうな……」そう思いながらも、毎月の掛け金で、どんな商品に投資するのか、ろくに知らないまま決めることになりました。

「パッシブファンドで、国内の株と、外国の株と、国内の債券と、外国の債券に4分の1ずつ分けるといいよ」。傍観者である研修の講師はそう言っていましたが、そもそも「パッシブファンド」というのが何なのかよくわからず、我々新入社員は首をひねるばかり。

その場で「後から変更できるから、とりあえず初期設定で好きな商品に全部で100％になるように配分を割り振って」と言われ、仕方がないので、「良いとされる情報の又聞き」で決めることになりました。
渡されたパンフレットにはずらずらと意味すらも不明なカタカナばかりが羅列され、いったいどんな商品なのか、どれが講師がすすめてきたパッシブファンドなのか、なぜその「ぱっしぶふぁんど」とやらが良いと言われたのか、私には全くわかりませんでした。同期達も似たような感じだったので、なんとなく言われた通りに配分を分ける「バランス型」と、日本円の預金の配分を多くする「定期預金型」にほぼ分かれました。

当時は何の知識もなく、「なんで強制的に〝危ない〟投資をしなければならないのか」という不安もあり、40％を預金に、残りは言われた通りに自分で「バランスが良いのではないか」と思う配分に割り振りました。ええ、もちろん適当です。
その後、自分で勉強するまではずっと「運任せ」でした。

さて、その後は毎月確定拠出年金がコツコツ積み立てられていることなんぞすっかり忘れて、普通に生活していました。たまに運用成績を報告するレポートが送られてきましたが、「いくら儲かっているか」「いくら損しているか」という〝結果〟だけ見て終わっていました。

その後、私は紆余曲折の後に長期的な資産形成を目的とした投資信託での運用を始めるわけなのですが、確定拠出年金にそういえば加入していたな……と確定拠出年金のサイトにログインして見直したところ、**年率1・8％の報酬が差し引かれる超・高コストのファンドにも投資していたことがわかりました。**

これは数十年単位で「年金」を運用するには、ありえないほどの高コスト。支払った額に対して年間1・8％、手数料として負担するということです。例えるなら、白アリが大量発生している木造住宅を選んだようなものです。断末魔のごとき悲鳴を上げながら、積立を中止しました。

こんな手数料がバカ高いだけのファンドに投資していたなんて、もったいない……と自分の無知を呪うと同時に、長期運用に向かない高額な手数料の商品が、わざわざ長期運用を目的としているはずの確定拠出年金のラインナップにあちこちに散りばめられているという罠に気づき、なんとなく悪意を感じました。

現に、知識のなかった新入社員の私には区別がつかず運用商品に取り入れてしまったのです。


「無知は損なのだな」と思った次第です。


とまあここまでが「何も知らないとこのようになる」という私の〝真似してはいけない〟事例です。

ちなみに新入社員の頃に戻れたのなら、「外国株式に投資し、手数料が安く、少数の銘柄でなく何千という銘柄に投資し経済指標との連動を目指す投資信託」（外国株式のインデックスファンド）に配分を多めに割り振るでしょう。それなりにリスクを取ります。

なぜ年金でリスクの大きい資産に投資するのかというと、確定拠出年金は運用益が非課税になるという税制的なメリットがあるからです。

確定拠出年金のメリット・デメリット

○○○ メリット ○○○	××× デメリット ×××
税金が安くなる 確定拠出年金は税制優遇制度であり、掛け金を拠出すると、所得税と住民税を引き下げる効果があります。	**元本割れする可能性がある** 非課税なのはあくまで運用益に対してであって、投資における損失やリスクが減るわけではありません。
運用益は非課税である 運用中に得られる利息や値上がり益について、すべて非課税です。(受け取り時に税金がかかることもあります)	**基本的に定年まで引き出せない** 確定拠出年金は原則、60歳まで引き出せません。
自己破産しても没収されない資産である 通常、自己破産すると財産は没収されてしまうのですが、確定拠出年金の財産は没収されずに守られます。	**掛け金に上限がある** 企業型にしろ、個人型にしろ、掛け金には上限があります。

社会人になって早々仕事が大変すぎて「副収入欲しい」にギアチェンジ

投資を始めたきっかけ

さてここで一息、私が投資を始めたきっかけでも。

私の周りには、特にこれまで親や学校の先生を含む大人に「人生のお金について教えてくれる人」が誰一人としていませんでした。投資とは無縁の環境で育ち、育ってきた家庭も一般の家庭です。

というわけで社会人になってからしばらくの間、預貯金でしかお金を管理する方法を知らないという人間でした。何年も利率0・035%の普通預金口座に利息も気にせず何百万も入れっぱなしにしていました。

社会人になりたての頃は、36万円くらいの貯金がありました。

子供の頃からお小遣いやお年玉をコツコツ貯めてきた集大成ですので、新社会人としては「それなりの大金」です。初任給に20万円をいただき、その後も「思考停止状態」でただボケーと過ごしていたのです。

とまあそれはいったん置いておいて、働き始めてからふと気づきました。

「仕事がつらい」ことに。

覚えなければならないことがたくさんあり、理不尽なことで怒られるし、理不尽なことで怒られるし、なんということでしょう、理不尽なことで怒られてしまいます。

これは新入社員に行う「愛のムチ」だったらしく、後程私は「鋼のメンタル」と評される女になるわけですがそれはまた別の話、当時は「あれ、これが続いて今後うつになったりしたら、仕事を辞める可能性もあるよなあ」ということを考えていました。そうなると、せっかく就職したのに収入がなくなってしまいます。

更に、すぐに辞めてしまうと次に就職しようとする会社でも「根性なし」とみなされて再就職に苦労する可能性がありますし、そもそも次の会社でも似たようなこともあるでしょうから同じことの繰り返しです。

つまりその時、「仕事を辞める」という選択は私の中で最善の方法ではなかったのです。

そんなわけで怠惰な私は「早く仕事を覚えて楽をしよう」「ひとまず再就職の時に根性なしだとみなされない期間（3年）はなんとか働こう」とこっそり腹の底に仄暗《ほのぐら》いものを抱えつつ、「本業がダメになってもどうにかできるように、働いているうちにわずかでもいいから労働と無関係の副収入が入る仕組みを作っておきたい……」「今は良くても、今後何かあった時に対応できる準備をしておくべきなのではないか」と思うようになりました。

リストラはもちろんのこと、病気になって仕事を辞めても同様。結婚したり子供ができたりして仕事を辞めても同様です。

「自分の労働、自分の会社だけに収入を依存するのは、危険ではないか？」と思うようになったのです。

というわけでまず私が行ったのは、社内に備え付けられている分厚い就労規則の資料を、昼休みに読み漁ることでした。

資料の場所を尋ねると、上司は不思議そうな顔をしながら、「こんなん読みたがる人初めてだわ。これでいいの？」と言いながらも快く資料を貸してくれました。

隅から隅まで目を通し、「副収入について」「副業について」禁則事項がないかチェックしました。うっかり禁止されていることをして、会社にバレてクビにされるというオチは避けたいからです。「副業・副収入を禁止する」文言がないことを確認し、私は上司にお礼を言って資料を返しました。


「今後何かがあった時の準備」を考えた時、年金や保険についてかかってくるお金も調べるようになりました。なんといっても、新入社員の私が当時持っていた財産など、「36万円の預金」しかなかったのです。その後本業以外の収入を求めて投資やアンケート・ポイントサイト等で少額でも副収入を得られないかと試したりしました。

すごく頑張れば月1000円くらいは稼げることがわかりましたが、時間がかかるので割に合わず、かつ仕事の後に行うのがめんどくさくなり、いつの間にかやらなくなっていました。

あれこれ本業以外の収入が得られないか模索はしたのですが、なんということでしょう、私は資産をふやすためのリスクを取れないチキンハート、手間を惜しむめんどくさがりやであった結果、なんとそんなに稼げないことがわかりました。（当たり前）

貯金のほとんどは「労働」によるお給料からのコツコツ貯蓄です。

投資などで致命的な損失を被ったわけではないのですが、あっという間に儲かる方法など、凡人の私では手に入れることはできないことがわかりました。

一攫千金など夢のまた夢。歳を取ってから稼ごうとしても、そんな方法はないのです。一気にお金を稼ぐ方法を知らない私は、20代から探りながら、コツコツと着実に積み重ねていくしかないことが20代のうちにわかって良かったと思います。

少額で投資を始めてみた

私は自分に合っている投資とは何なのか、いくらを投資すれば良いかわからなかったので、現在の自分のやり方に至るまで、あれこれといろんな投資対象と手法を少額ずつ並行して試してきました。

私の投資遍歴をお伝えしておくと、FX、個別株の短期売買、優待株の中長期保有、個人向け国債変動10年購入、純金積立、直販投信の購入、そして今は国内外の株式・債券・REIT（不動産投資信託）を組み合わせたインデックスファンドの積立購入による世界分散投資と、アクティブファンドの少額運用に至ります。

今メインでやっているコツコツ投資は真っ先にたどり着いたわけではなく、実際にいろいろなものを少額ずつやってみて、「自分の性格や目的には合わないなあ」と思うものは投資額を少なくしたり、中止したりしてあれこれと「自分に合った投資法ってなんだろう？」と試行錯誤してきました。

当然勉強したもの全てに手を出してきたわけではなく、不動産投資やオプション取引なども本を読んだり調べたりはしたものの、実際に投資するには至らなかった投資も多数あります。


その変遷をわずかでもお伝えできれば幸いと思い、ここにその過程を一部ですが書いておきたいと思います。今思い返すとお恥ずかしい限りですが、この時に感じた教訓や感想が、初心者のどなたかのご参考になれば幸いです。

お金を転がしてお金を作る、資産運用。
その仕組みをどうやって作れば良いのか、私にはさっぱりわかりませんでした。
資産運用……やったことがありませんし、やり方も誰も教えてくれません。

というわけで、23歳の私はまず手始めに一体世間のリッチな人達がどのような心構え、どのような手段で副収入を得たり、資産運用をしているのか、「調べること」から始めました。
きっと彼らは私のようなチキンハートと違い、お金を得るために大事なお金をリスクにさらすことを恐れない、「鋼鉄の心臓」を持っているに違いないのです。副収入を紹介するブログやお小遣いサイト、投資ブログを回り、書籍を読みました。

いくつかの方法を調べて始めやすそうだと思ったのは、FX（外国為替証拠金取引）でした。FXとは外国の通貨を売買して、利益を出す取引のことです。

理由は「儲かりそうだから」ではありません。「多くの人が情報を発信していて、少額でできて、ルールを理解するのがとても簡単だったから」です。
「必勝法教えます！」というような誰がどう見ても怪しい商材もありましたが、投資人口が多くリスクや失敗談の情報が豊富な投資は、「何がやってはいけないことなのか」、すごくわかりやすかったのです。

ＦＸというと、誰かの転落人生が語られる時に「ＦＸで作った借金」「ＦＸはギャンブル」「ＦＸでお金を溶かす」などとよく表現されるため、およそこれまでの人生で賭博をしたことがない私にとってＦＸ口座を開設することは、パチンコ店やカジノにネギをしょって足を踏み入れるのと同じくらい、それはそれは敷居の高いものでした。のちに証券口座を開設する時も、引き返せないのではないかという後ろめたさまで感じたほどでした。今にして思えば、これくらいのチキンぶりで、「ちょうどよかった」です。

怪しい、怪しい、怪しすぎる。なぜ怪しいのかと言うと、踏み入ったことのない、未知の領域だからです。

口座にお金を入れたら、そのお金は知らぬ間になくなってしまうのではないか――とまず思いました。果たして口座など作ってしまっても良いのだろうか？

そこまで思ったところで、ふと疑問に思いました。


「どうしてFXで、借金になるんだ？」


例えばパチンコなら、玉を買って台に入れて、それが当たらなければ「損をした」「溶かした」ことになります。「パチンコで作った借金」とは、厳密にはパチンコ台が借金を作り出しているのではなく、パチンコをする人が借金をしてきたお金をパチンコ台に突っ込み、それが当たらなかったから、借金が残るわけです。

これが「パチンコで作った借金」のメカニズムです。

そもそも借金をせずにお小遣いの範囲で楽しんでいれば、パチンコで借金になるはずはありません。

では、FXはどんなメカニズムで借金になってしまうのでしょう。例えば口座に100円しか入れていないのに、いつの間にか口座が何万円ものマイナスになることなんて、あるのだろうか？　実際に投資するかどうかは別として、調べるだけならお金はかかりませんので、自分が納得できるまでじっくりと調べてみました。

調べたことは「儲かる情報」ではなく、「損した人の経験談」でした。始める前にどういった行為が「やってはいけないこと」なのか、この投資がはらんでいるリスクとは何なのか、素人なりにすごく調べました。

これは感覚的には包丁を使う時、「包丁の先に指を置いてはいけないよ」という基本的なことを学ぶのと同じでした。包丁の研ぎ方は買ってから調べれば良いですが、指を切って包丁を握れなくなるのは避けたかったのです。

これはＦＸに限らず、その後始めるどんな投資も「リスク」「やってはいけないこと」から調べました。

調べた結果、世間で言われる「ＦＸ恐ろしや」なパターンになるのは、総じて「許容範囲を超えた金額を取引し、思惑と反した方に相場が動くこと」でした。１０００円分の外貨は、紙切れになっても１０００円分の損失しかないのです。

では、ＦＸはなぜ「借金になってしまうことがある」のでしょうか。実はＦＸは、証拠金取引と言って、担保となる最低限のお金が口座にあれば、口座に入れていればお金以上の金額を取引できてしまうのです。

ＦＸ会社は「ロスカット（強制決済）」と言って、顧客の資産が損失を被り、口座残高がマイナスになる前に強制的に決済して損失を確定するというルールを設けています。「顧客の資産を守るため」……という名目ですが、顧客の口座のマイナスはＦＸ会社の損失になるからです。

では、この「ロスカットルール」があれば口座の残高は絶対にマイナスにならないのかと言うと、そうでもありません。２００８年のリーマンショックや、２０１５年のスイスフランショックでは急激な相場の変動に対処できずＦＸ会社のサーバーが落ちて操作できなくなったり、強制決済や損失を最小限に抑えるための注文が作動しなかったりして顧客の口座がマイナス（つまり借金）になったという事例が報告されており、ロスカットや損失を最小限にするための注文はあくまでも「奈落の前に張られたロープ」にしか過ぎません。ゆっくり落ちればつかまって難を逃れることができますが、すごいスピードで落ちる時はつかむことすらできません。

これが「FXが危ないとされる理由」「FXで借金を作ってしまう仕組み」なのだなと私は思いました。同時に、「口座に入れたお金以上の金額を取引しなければ（レバレッジをかけなければ）、借金にはならないということだな」ということがわかりました。

あれ、FXってもしかして……。少額でやってて良かった！

つま先だけ湯水につける感じでスタートした「投資（という名の投機）」。

私は最小取引単位で、怯える子羊のごとくちまちまと投資することにしました。

まずはゆるやかな変動をするチャート相手にのんびりと気が向いたら参加する、という感じでやっていました。金利の高い豪ドルや値動きの少ない米ドルで取引していたのですが、「取引額も少ないしあまりリスクも取らないから、そろそろ値動きの大きい通貨にしてみようか」と思いました。

なにしろ素人ですから、やってみないとわかりません。

値動きの大きい通貨の代表格であるポンド／円が移動平均線を突き抜けるように上がり続けていたので、これはまだ上がるんだろうか？それともすぐに反発して下がるんだろうか？と頭を悩ませた結果、ポンド／円の「売り」でエントリーしました。しかしチキンだけあって、取引はもちろん最小取引単位の1000通貨でした。エントリーした瞬間のことは、まだ覚えています。


「売り」というのは、円安になると損をしてしまう取引です。つまり、これから円高に振れると思ったのです。その後、ポンドはくすぶるように上下した後、ズガンと円安方向に上がり、評価損があっという間に1万円に。1000通貨で1万円の損失。10円動いたということです。

この時私は「お～すごい動いてるなあ」としか思わなかったのですが、後から思えばこれが**アベノミクスの始まり**でした。

「これは……レバレッジをかけていない取引ではあるけれど……。〝損切り〟というものをするべきものなのだろうか？」と首を傾げました。損切りとは、損が出た時にこれ以上損失が拡大しないように損を確定することです。しかし、どこで損失を確定するべきなのだろうか、とも思いました。

ふーむと首を傾げながら、とりあえずこれも勉強と思い、かわいいポンドちゃんの末路を見守ることにしました。

それからというもの毎日マイナス口座を眺めてはため息をつき……ということもなく実はチャートを見るのに早々に飽きてしまい、かわいいポンドちゃんのことはすっかり忘れてしまいまして。数年経って思い出し、ひょっこりログインして口座を見てみると、結局その後も更にアベノミクスで上がり、上がり、上がり続け、最終的に35円も変動していました。「あ～こりゃあ戻ってこないなあ」と諦めがつき、苦笑いしながら決済して損失を確定しました。私のポンドちゃんは約3万5000円の損失を出してお亡くなりになりました。

少額だったので「こんなに変動することもあるんだねえ」と数年もの間のほほーん

と見守ることができましたが（というか存在を忘れていた）、もし1万通貨を取引していて、何十万円もの含み損を見た時、投資を始めたばかりの私に、損切りする勇気や何十万円の含み損に耐えられる精神力があったでしょうか。

決済できたかどうかと言われると、「戻るかもしれない」という淡い期待を持って放置していたかもしれません。そして損失を確定できなかった場合は、その後は日銀の金融緩和があり、もっともっと損失は拡大し続けたことをチャートは語っています。なんと、1000通貨ではなく1万通貨を取引して損切りできずに持ち続けていた場合、70万円ほどの損失になっていたようです。売買したその商品をどのように扱うかという「ルール」が不明瞭のまま金融商品を持つということは、こういうことなのだと思いました。

「勉強になったなあ」と思うと同時に、**「これはなんだか求めているものとは違うな……」**と思いました。損失を出した時、「金額が少なくて良かった」ということだけで終わっては意味がありません。**少額で投資することの意味は、実際に投資することで投資しているものの性質を知ったり、その手法の合理性を考え直すことにあるので**

す。

他にも高金利通貨を持ち続けるという手法も試みたのですが、為替は2国間の金利差を埋めるように収斂していくと言われています。

為替の期待リターンは金利を織り込んでゼロであり、長期的に高金利通貨がマイナスの方に動いていくとしたら、長期で保有する意味はなく、手数料や税金分リターンはマイナスと考えるのが相当ではないかと思いました。

金利が貰える外貨投資、為替差益が貰える外貨投資。しかし、長期的に成長する資産ではないのではないか……。

これを金利や為替差益目的で長期間持ち続けるのは、合理的ではないのでは。

長期的に投資するのであれば、将来的な成長が期待できる資産をメインにしよう、と思いました。

この他にわかったのは、「含み損の状態でもサックリ忘れて日々を過ごせる」という自分の性格です。許容内であれば、口座の状況を気にせずのほほんと

日々を過ごせるのです。

コツコツ積立投資を始めてみた

自分に合った投資ってなんだろうと考えてみた

私が「投資をしてみようかな」と意識し始めたのは、社会人1年目です。

まずは、失業しても大丈夫なように、給与以外の収入（副収入）を得ること。

そして、今あるお金を少しずつ育てて、時間を味方にしながら長期的に資産を築いていくこと。「円」以外の資産に自分のお金を分散し、円を含む一つの資産に偏らせすぎないこと。


それが投資を始める目的でした。

しかし、調べたり、実際に少額で個別株や為替の取引を行ってみて、「あれ？」と思いました。

毎月のキャッシュ（副収入）を獲得する方法と、円以外の資産に分散して長期的に資産を成長させていく方法、両立できる手段が見当たらない。

「何もしないことのリスクを考えてみた」で述べた通り、将来に備えて外国の資産をふやしながら資産形成しようとしていたのに、短期売買で売って円に戻してしまったら、長期投資ではないよなあ……と思いました。

利益を出し続ければ短期売買の繰り返しでも資産をふやすことは可能です。

しかし、利益を出し続けるのは私には無理だろう、下落相場になった時に大敗を喫するだろうと売買を実際に行ってみてぼんやりと感じました。

「損失はこまめに確定して、利益は大きく取れ。トータルでプラスであれば良い」、という文言も目にしましたが、損失を頻繁に確定するのはストレスが溜まります。できれば損失を被る回数は少ない方がメンタルには優しいのですが、これは「負けるトレーダーの思考」だと感じました。


もちろん投資を始める前にこれを理解して臨んでいるはずなのですが、求めているのはこれではないし、性格にも合っていないなあ、と思ったのです。

ハラハラするというのは、自分の許容リスクを超えているか、その投資がきちんと腹に落ちていないということなのです。

また、一口に「積み立てる」と言っても、パアになるリスクがある資産では、長期保有に向かないのではないかと考えました。

例えば、コツコツと「有望で、成績が良くて、絶対潰れなさそうな大企業の株式」

を積み立てていっても、予測できないことでその企業が潰れたら、今までのコツコツ積立は水の泡です。

将来有望な会社の株……絶対に倒産しない企業の株……そんなものは私にはわかりません。企業が潰れて一瞬で資金が水の泡になる可能性があるのなら、リスクだけが高くて、お金も時間もかける意味がないじゃないか……と思ったのです。国は潰れないから……と通貨に投資しても、もしかしたら将来的に価値がなくなる可能性はあり、これもやはりコツコツ積み立てるのは怖すぎる。

勉強したとしても相場は誰にもわかりません。情報はどんどん変わっていき、相場の下落一つでアナリストの言うことがコロコロ変わります。どれだけ勉強していても、世界で何かが起きて経済危機になったりしたら、結局「損失で退場」することにもなりかねません。

このような「一発退場」のリスクを常にはらんでいるものに、コツコツと時間をかけて安心して資金を投入することなど到底できません。個別の株式や一国の通貨に投資するＦＸは、「ドボンになる」リスクが十分にありました。

これを回避するには、さまざまな国や資産、銘柄にしっかりと**分散して投資することが重要**だと考えました。

企業の倒産などの個々の銘柄へのリスク、これにはしっかり「個別リスク」という名前がついていました。為替にはもちろん、「為替リスク」というとても安直な名前のリスクがダイレクトについて回ります。株価大暴落のニュースなどで、「投資家、阿鼻叫喚」というような見出しを見ることがありますが、**私は投資はしたいけれども、阿鼻叫喚になるほどのリスクは取りたくないので、投資額を許容内で収めることのできる投資にすることが重要だと改めて思いました。**

それに「投資をする」と言っても、いちいち「ザ・投資家」のごとく情報競争に奔走していられません。私の職業は何の変哲もない会社員であり、逐一情報をキャッチして売買にいそしめるような、「勤勉な投資家」ではないのです。正直なところ、投資の勉強や銘柄選定に時間を使いたくありませんでしたし、いつ買うか、いつ売り抜けるかという売買タイミングを迷うのも嫌でした。**可能な限り、自分で売買する回数が少ない投資がいいなあ、と思いました。**

前述の失敗も含めて、FXは私の性格や目的に合わないな、と思いました。つい金利や配当金など、**「期待できるリターン」から先に見てしまいますが、先に「お金を投入する資産を何にするのか（この資産に私のお金を換えてもいいのだろうか）」「自分はどれくらいの損失まで許容できるのか」という問題に目を向けないといけない**のです。

「どんな投資をすればいいのか」ということはわかりませんでしたし、また誰も教えてくれませんでした。

しかし、実際に投資して、失敗を経験することで自分の求めることがわかってきました。

- 長期的に成長が期待できる資産に投資しよう。
- 投資額を許容内で収められるよう、少額でできる投資を選ぼう。
- 一発ドボンを回避するために、いろいろな資産クラスや国に分散して投資しよう。
- 自分の感情が入ったり判断する回数がふえると損をしてしまう確率が上がるの

で、取引回数が少なく済む投資がいいな。
・仕事もあるし疲れるから、あまり相場に張りつきたくないな。

これらのことを念頭に置いて、自分の求める投資法を探すことにしました。

「投資は怖いものだから、やらない」？

私がコツコツと投資信託の積立を開始したのは、存在を知ってから3年が経ってからです。

なぜすぐに始めなかったのかというと、「自分は投資を行ってもいい人間なんだろうか」「自分は投資が必要な人間なんだろうか」「これに本当に投資してもいいものなのかな？」それがわからなかったのです。

腑に落ちないものには、投資したくなかったのです。

本当にこの商品に、自分の大事なお金を預けても良いものなのか、わからなかったのです。

資産を振り分けるとしたら、いったいいくらが適正なのかも、わからなかったのです。

「危ないことはしたくないので、投資なんてしないで堅実に貯金していこう」

私はお金のことを考えるまではこう思っていましたし、現実このように言っている人もよく見ます。〝投資をしていない〟友人や同僚に「投資をしている」と言った時、

「それってどれくらい儲かるものなの？　……ふーん。全然儲からないんだね。それなら私はやらなくていいや」

「大丈夫？　借金になっちゃったりしたら、親が悲しむよ」

「儲かったらおごってね（笑）。必勝法があったら教えて」

「女の人が投資の話をしない方がいいよ。お金持ちだと思われて、金目当ての男が寄ってくるから」

おおむねこのような反応が返ってきました。

投資をしていない人にとって、投資とは「借金になるかもしれない、危ないもの」「一世一代のギャンブル（一か八かの綱渡り）」「楽して儲ける方法」「お金持ちがやるも

の」と認識されているものなのだとわかり、それ以降は信頼のおける人でも投資のことは一切言わずに生きています。

実際、私も社会人になるまでそう思っていたので、「投資で得た利益は泡銭《あぶくぜに》ではない」「投資にフリーランチ（ただ飯）はない」ことを理解してもらえないのは仕方ありません。しかし今では、私はギャンブルのような投資をするかどうかはその人次第だと思っています。

いろいろネットで調べたり、人と話したりして、投資には「忙しい（マメに相場や指標をチェックしないといけない）もの」「才能、運、センス、直感が必要」「天国か地獄かの二択」「はっきりとした勝ち負けがある（儲かるか損するか）」「お金を持っている人が行うもの（まとまったお金で運用するもの）」というイメージがついていることがわかりました。

お恥ずかしい話、いくつかの認識には私にも覚えがあります。

確かにこのような投資もあり、こういった投資（というよりも投機）をして損失を被った人達は、大々的にメディアに取り上げられたりしてより目立ち、そのイメージはさらに一般に定着していきます。

しかし、調べていくうちに「投資」とは、もっと広義のものだと気づきました。

- マメにチェックしなくてよい（ほったらかしでよい）投資がある
- 才能やセンスに関係ない投資がある
- 天国にも地獄にも足を突っ込ま

ない、生活に溶け込んだ投資がある

- 望むのであれば、死ぬまでずっと勝ち負けを決めなくてもよい投資がある
- 月500円あれば始められる投資がある
- 一つの銘柄だけでなく、世界に分散投資できる投資がある
- 販売会社・運用会社・信託銀行が破たんしても資金が守られる投資がある

そういう投資に出会うことができました。

コツコツ積立投資につま先をつけてみた

短期的な相場の情報に翻弄されずに済み、相場の下落が起きても長期的にずっと続けられる。積み重ねていくことによって、日本円以外の資産も構築できる。

一企業の倒産によってドボンになったり、証券会社や運用会社の破たんによって資金が持ち逃げされることもない。

毎月のキャッシュはないけれどそのような投資の方が、短期的な売買を繰り返して資産を形成していくよりもずっと、自分の目的や性格に合っていて合理的なのではないか、と思いました。

調べていくと、インデックス投資という投資法があることがわかりました。

インデックス運用とは何ぞやというと、「市場の値動きを表す指数との連動を目指す運用」のことです。

「TOPIX（トピックス）」「日経平均」という単語を聞いたことがあるでしょうか。これらは日本株式の指数です。何のことかわかりにくいですが、インデックス投資は市場に投資することと等しい。「市場の平均に乗っかる投資」と言われます。投資している市場が成長すればプラス、市場が衰退すればマイナスです。

外国株式の市場、国内株式の市場、外国債券の市場、国内債券の市場……さまざまな市場があります。

個人が市場にある銘柄をすべて買い集めるのは実質的に不可能です。そこで、個人がインデックス運用をしようと思うと、インデックスファンドと呼ばれるインデック

投資信託について

投資信託とは、投資家から資金を集め、ファンドマネージャーが株式、不動産などに投資して運用する金融商品。

運用方法には、インデックス運用とアクティブ運用がある。日経平均やTOPIXなど、市場の平均値に連動した成果を目指すのがインデックス運用、平均値以上の運用成果を目指すのがアクティブ運用と言われる。

などに分散して投資。投資対象は投資信託ごとに異なる

ス運用を目指す投資信託や、指数に連動する上場投資信託（ETF）に投資することが一般的です。投資信託とは、「投資家からお金を集めて、運用の専門家が株式や債券などの資産に投資して収益を得る商品」だと認識しています。

自分で投資すると決めた資産を、決まった割合になるように、決まった額を毎月同じ日に自動で買い付けることにしました。

コツコツ積立投資をやってみた。注意点は……

私が行っているコツコツ積立投資は、指数に連動するインデックスファンドを自分の理想の資産配分になるように買い集めて積み立てていくということですが、始める前に私が感じた、初心者が誤解しやすそうな点や注意点を挙げてみます。

●「投資信託はプロが運用するから知識は必要ない」という投資信託の謎の商品説明に騙されてはいけない

幅広い金融商品や投資商品を紹介する本やサイトに、「投資信託はプロが運用してくれるので、知識のない初心者さんでも安心して運用できます」という文言が書いてありました。

それは正しい表現ではないと思っています。

投資は投資で、プロが運用しても当然リスクを伴います。被った損失は全て自己責任です。少なくとも、「よくわからないから、自分でやるよりプロが運用するから安心だ」という理由で投資を始めるなら、やらない方がマシだと素人の私は考えています。

世の中「カモネギさんいらっしゃい」という超高コストのノルマ商品や、詐欺のような商品があふれています。よくわからないものに投資してはいけないと思います。

ではなぜ自分で売買すればいいものを、儲かるとは限らない投資信託を使うのかというと、「自分の買いたい資産について、時間のかかる情報収集、分析や売買等をファンドマネージャー（投資信託を運用する人）が代行してくれるから」私は投資信託を買っています。

インデックス運用を行って、指数に連動する成績をコンスタントに取りたいと思った時、それを私個人では行うことができません。市場には何千、何万という銘柄が存在し、私が昼間仕事をしている間にも、市場は絶えず動いていきます。何千もの銘柄の株価を把握し、指数に連動するように売買を行うことは私には不可能なので、プロにお願いするのです。

コツコツ積立投資は「必ず儲かる投資」「安全な投資」ではない

コツコツ積立投資は合理的ではあれど、「投資」（リスクのある資産に財を投じる行為）です。時間をかけたからといって、「安全で、必ず儲かる投資」になるとは限りません。「儲かるのか」、という問いに対しては「わからない」、「安全なのか」、という問いに関しては「いいえ。ふえる可能性も、減る可能性もあります」という答えしか出ません。

また、それぞれ全く異なる値動きをする資産や、逆に動くと言われている資産を組み合わせて運用するため、個別に投資した場合よりも値動き（リスク）が低減することが知られていますが、これは「安全性が高くなる」ということではありません。

下落時も値動きがマイルドになる代わりに、期待できるリターンとしてもかなり「ゆるやか」になり、一言で言うと「超地味な投資」です。他の「華やかな」投資とは異なり、一発逆転を狙うには向きません。

コツコツ長期でお金を積み立てていくと、当然元本＝転がす雪だるまが大きくなるため、変動額が大きくなります。私は素人なのでシンプルに、「買った分だけリスクを取る（＝減る可能性がある）」と考えて積立を行っています。

コツコツ積み立てていったからといって、必ず儲かるわけではありません。また、インデックス投資は市場にある銘柄に幅広く投資する手法なので、「市場リスク」を取っています。

市場に投資しているので、市場の価値が下がると損失になります。

どこかの時点で「売って儲けを確定する」「売って損失を確定させる」「すぐに勝ち負けが決まる」という考え方を持たなくてもよい

投資というと「必ず儲けを出さないといけない」というイメージであり、「損失になったら負け」というイメージがありませんか。私はありました。

現金に戻そうとしたその時、相場が暴落していたら……。とずっと不安に思っていたのです。

しかし、コツコツ積立投資においては私の投資成果を反映する「勝ち負け」は今後数十年以上にわたり、決定しませんん。あるいは、天に召されるまで決着しないかもしれません。

この資産は「円以外の長期的に成長しそうな資産に自分のお金を移し、自分の許容範囲内で価値の変動する資産を持ち続ける」という認識の資産です。資金が必要になったり、老後に生活費が必要になった時にはこの価値の変動する資産を必要なだけ取り崩していくと思います。

「暴落（損失）を回避する投資」ではない

「ずーっと持ちっぱなしにする」ということは、恩恵にあずかるだけでなく、相場の下落もあますことなく受け入れることでもあります。

資産の価値は上がったり、下がったりします。

そして、過去の歴史を見ると10年くらいのスパンで相場の上がり下がりが転換するため、長期投資では「資産評価額がマイナス」という不遇の時代を「必ず」経験するものと思っています。長期的にプラスだと思っても、価値が下がり続ける場合、ずっと含み損のまま保有することになります。一時的には半分、株式（とりわけ新興国）の割合が多い場合はリーマンショック時の新興国株式の下落割合から考えて、最大7割もの損失を被る場合もあると考えて投資しておけば良いのではないでしょうか。（私はめんどくさいので買った分だけ減る可能性があると考えていますが）

本来であれば買った資産が値下がりしてしまったのですからがっかりするところでしょうが、コツコツ積立投資の場合はこの局面では「たくさん買えるから嬉しい」と思えるようになります。自分が投資しているのは一企業ではなく、一資産でもなく、「世界経済」です。世界経済の回復をゆっくり見守りながら、のんびり構える姿勢が必要になります。

投資信託を選ぶ基準

独身一人暮らし、運用期間は10年以上を想定している私が投資信託を選んだ基準を記しておきます。

流動性の大きい資産に投資するものであること

流動性が大きい資産というのは、「買いたい時に買えて、売りたい時に売れる」資産のことです。高利率の商品を買って評価益がものすご〜くふえても、換金できなければ意味がありません。

その意味では伝統的四資産（国内株式、外国株式、国内債券、外国債券）に利があります。市場が大きく、皆に認識され、世界のどこかでいつでも誰かが売買を行っていて、取引高が多く、流動性が大きいこの資産は「買いたい時に買えて、売りたい時に売れる」んですよね。

ネット証券の取引画面で決済ボタンを押せば取引が完了するようなものは流動性が大きい資産です。

一般的でないものや取引高が少ないもの、現物そのもの（不動産など実物資産）などは流動性が小さくなります。

私は初心者なので、選ぶのであれば流動性の大きい、つまり「すぐに手放せるもの」を選ぶ方が無難だと思っています。

信託報酬が低いこと／ノーロード（購入にあたり、手数料がかからないもの）であること

コストはリターンを確実に削ります。買付手数料（購入時にかかる手数料）はその分スタートラインから後ろに下がった状態で走り始めないといけなくなりますし、信託報酬（運用にあたりかかる手数料）は走っている間もずっと持ち続けないといけないおもりのようなものです。選ぶものはできるだけスタートラインに近いところから走り始めることができ、身軽に走り続けられるものであるに越したことはありません。

純資産額が多いこと

ファンドの「純資産額」とは「ファンドの全ての資産の総額」のことで、投資信託の規模を表すものです。

純資産額が少ないと無期限運用のものでも繰上償還（決められた信託期間の期限〈償還日〉より前に償還されたり、無期限の投資信託が運用を終了すること）のリスクが高まります。

その場合は予期せぬところで売却せざるを得なかったり、他のファンドに乗り換えなくてはならなかったりしますので純資産額の少ないファンドは避けます。

ユニークなものでないこと

先進的なもの、ユニークなものはリスクがわかりにくく初心者が手を出すには敷居が高いので、私はユニークなものには投資しません。ハイリスクでもあります。

運用期間が無期限のもの

運用期間が決まっているものはその時が来たら償還されてしまうので、長期投資に向きません。

仕組みが明確であるもの

「自分が」理解できて、かつ運用報告書をしっかり出しているものに投資します。

仕組みが複雑なものはその分コストがかかっていたり、相場に何かが起きた時には損失を投資家に押し付けるような仕組みになっているものもあります。

詐欺の共通点は「運用が不透明なままお金を持ち逃げする」というパターンであることから、仕組みがわからないものは避けます。

無分配のもの

投資信託には分配金を出す「分配型」の投資信託と、分配金を出さない「無分配型」の投資信託があります。分配金は純資産から支払われるため、必ずしも利益とは限りません。株式の配当金とは全く異なるものです。長期投資においては手数料と税金分リターンを削りますので、私は無分配か、やむを得ない場合には可能な限り分配頻度と分配金が少ないファンドを選びます。

コツコツ投資を始めて、良かったと思えること

自分で金額が決められて、「許容内」に収められる

投資信託の自動積立はネット証券で月500円単位で設定できます。

投資に使ってもいい、と思える金額を自分で決め、その範囲内に収めることができます。

マメに見なくていいし、ほったらかしでいい

自分の投資成績や、株価の動向など数字や指標をマメにチェックしなくてもいいのです。

儲かるかわからない銘柄の選定や、チャートの読み方、経済指標の発表を待ったりなど、そういった投資にかける時間や労力を費やさなくても良くなります。（もちろん、してもいいのですが）

つまり、人生の貴重な時間を、お金に縛られなくなります。

ただし、チャートを逐一チェックしなくて良くても、「投資やお金そのものに対する知識」は学んでいく必要があると思います。

相場の動向にハラハラしないで済む

どこかの一企業が業績悪化や倒産する事態になっても、影響は軽微です。

一つの企業の株式に投資していると自分の投資している企業の株価が気になってしまいます。しばしばニュースを賑わす大企業の不祥事も、自分の投資先だったらハラハラしてしまうでしょう。

コツコツ積立投資では幅広い銘柄に投資しているので、一企業が倒産しても真っ青になることがありません。

評価額の増減に実生活を惑わされることもなくなります。相場上昇時には評価益になり「絵に描いた餅」状態ですが、下落時には餅が槍に変わるだけで許容範囲内で投資していればいずれにせよ実生活に影響はありません。

感情が入らないので楽ちん

自動積立にしておくと、手間もなく放っておいても良いのでとても楽です。投資に正解はなく、「これが良い」と言うことはできないのですが。少なくとも私にとっては、この方法が精神的にとても楽で、私の性格やこれから目指す人生の目的に合っていると思うのです。長期でコツコツ積み立てていくと、暴落によって含み損のある不遇の時代を経験することになるでしょうが、そんな時もまったりのほほんと続けることができるでしょう。

投資におけるマイルールを決めてみた

私は投資の初心者ですし、今後どうなるかなんてわからないので稼ぐため・儲けるための手法なんて知りません。（すまぬ）

だって、いろいろ調べたけど必ず儲かる・絶対に損しない方法なんてなかったんだもの。

「稼ぐためのＦＸ手法」「チャート分析」「月○万儲けた私の投資法」

……自分でもできる副収入の方法を探している時、ネットで調べてみたり、本を購入したりしてみました。その結果、単語や用語や仕組みなど多少の知識を得ることはできましたが、どうにも実際に稼ぐところまではつながりません。

結局のところ、素人にできるのは退場しないように（投資を続けるために）行う、「リスク管理」です。というわけで、「退場しないための自分だけのルール」を決めています。レッドカードで一発退場をしないようにするためのルールです。これは相場とは関係なく作り、そして絶対に守ります。私のルールはこちら。

1．よくわからないものには投資しない

意味のわからない単語が含まれている商品や、仕組みのよく理解できていない説明文が入っていた場合、どれだけ良さそうなものでも投資しません。

「自分の理解力が足りないだけかな？」と思ってしまうこともあるのですが、基本的に仕組みが複雑な商品は「売る人達が儲かる商品」です。高いリターンの裏にはリスクがあります。どれだけ高リターンでも、仕組みやリスクを理解できない商品に投資するのは危険です。

ちなみに高いリターンの商品には必ずそれに伴ったリスクが付随しますが、リスクの高い商品だからと言ってリターンが高い商品とは限らないのが投資の世界です。「高いリターンを得たければ、リスクを取らないと」といった文言は、事実ではあれどその逆は必ずしも正しくはありません。注意するべきです。

2. ハイリスク投資は全資産の5%まで

ハイリスク投資とは「個別リスクのある資産や値動きの大きい資産に投資し、短期的に売買を行い、利益を出そう」という〝ザ・投資（投機）〟のことで、なんなら私が勝手にそのような投資方法をハイリスク投資と呼んでいるだけです。

コツコツ積立投資だけでは暇なので、気が向いた時に少額で取引して勉強しています。

人におすすめはしませんが、個別の銘柄に少額で投資するだけでも、値動きの大きさが感じられて勉強になるんですよ。「こういうことだったのか！」と理解が深まることもしばしばあります。

ついつい「上昇相場だ」「日経平均が○円値上がりしました」「円安の波です」と言われると「波に乗り遅れているのでは？」と焦って慣れない相場に資金を投入してしまったりするものですが、資金上限を決めておくことで損失を限定できます。

これによってどんな大暴落が来ようとも「あーあ」で済ませることができます。というわけで、このルールだけは絶対に守ります。

3. 長期投資の投資額も、許容範囲内に収める

そもそも許容内で投資していれば、どんな大暴落が来ても仏のような穏やかな心で過ごせます。というわけでコツコツ毎月自動積立で買い付けていくだけです。私は「買った分だけリスクを取る」と思った方が素人にとってはシンプルで確実だと考えており、素人らしく投資額は少なめです。

ルールはこの3つだけです。

なぜなら、難しいルールや、細かいルールなどたくさんのルールを作ると守れないものもそのうち出てきてしまうかもしれないからです。

ごくシンプルで、わかりやすく、しかし絶対に踏み越えないラインを設けておくのが良いかなと自分では思っています。

投資を始める時に考えたことのまとめ

あくまで投資は自分の許容できるリスクの範囲内で、自分の納得いく方法で行うものだと思います。「投資をしていたから資産を失い不幸になってしまう」状態は許容リスクの範囲内で投資を行っていれば、未然に防ぐことができます。

「毎月10万円投資でコンスタントに稼いでいるけど毎月の貯金がゼロの人」よりも、「投資をしないけど給与から毎月10万円貯金できる人」であれば、後者の方が圧倒的に資産がふえます。投資とは、資産をふやすために行うことではあれど、しなければいけないことではありません。投資は必須科目ではなく、あくまで「資産を形成するために採り得る手段の一つ」と考えておく方が良いと思います。

さてそれを踏まえて、私が「投資……してみようかな……」と思った時、このようなことを考えました。

1. まず、投資をするのかどうか
2. いくら投資するか
3. 何の資産に、どれくらいの期間投資するのか
4. レバレッジをかけるかどうか
5. 何の商品を買うのか
6. どこ(の口座)で買うのか

このような感じでした。一つずつ見ていきます。

1. 投資を始めるかどうか考える

さて、まず考えたのは「リスク資産に財を投じるかどうか」です。

リスク資産とは本書では「価値が変動する資産」として扱います。価値の変動するものに、自分が汗水たらして働いた貴重なお金を置き換えても良いのかどうか考えま

した。当然ながら、「減ることがある」んですよね。例えば十分な収入がある人の場合、投資をする必要があるのかどうかは人によるかと思います。

私は「ほんの少しだけ〝働くお金〟があるといいな」と思いましたので、「少しだけならやってみてもいいかな」という結論になりました。

2. 家計を見直して、いくら投資するか考える

投資すると決めたからといって全財産を全力投入する必要は全くありませんので、まずは「投資に使える額」を決めます。

私の場合は全財産が３００万円くらいだった時に「ソウダ、投資シテミヨウ」と思い立ったわけですが、初期投入は20万円（1か月分のお給料）、実際の取引額はメンタルがチキンだったので10万円以下でおそるおそる始めることにしました。

１万円で始められる投資なら1万円でもいいですし、１０００円でもいいと思いました。ちなみに投資信託は５００円あればネット証券で積立開始できます。

その後コツコツ長期投資を始めましたが、独身28歳、資産１４００万円、手取り

月給28万円くらいの私は自分の許容度と相談して毎月11万円でインデックスファンドの積立で投資することに決めました。この「いくらにするか」という点において、私は2つ基準を決めました。

生活に影響しない範囲

投資するにあたり、価値の変動する資産に投資するのですから、ふえることもあれば減ることもあります。というわけで、なくなってしまったら生活が立ち行かなくなるような金額は絶対に投入しないようにしました。この時、生活に必要なお金はもちろんのこと、結婚式や旅行など、これから数年先に使う予定のある・必要になるかもしれない大きなお金は資産から除外して考えます。だって、なくなってしまったら困るのは自分だから。

自分が精神的に許せる範囲

家計上1000万円投資しても生活に支障がないと判断しても、それだけの額が「価値が変動するリスクにさらされる」ことを心情的に許せるのかどうか。

生活上は失っても問題ない1000万でも、それを稼ぐために費やした時間や労力で考えたらどうでしょうか。それは、到底問題ないなどとは言えません。投資して損失を被った時、それは許容内であるのかどうか想像することにしました。

3．何の資産に投資するのか考える

後で損失を被った時に、「なんで自分はこんなものを買ってしまったんだろう」と後悔してしまいそうなものに、後悔しそうな額は投資しません。FXのポンド／円で数年かけてゆっくりと3万5000円を失った時、「これはもう何年待っても戻ってこないだろうなあ（笑）」と諦めがついたと同時に、それを考えました。後悔してしまうような金額の場合、それは少額であっても自分の許容リスクを超えた投資だったんだろうな～と思いました。

例えば企業の株を買いたい時、「この企業は成長しそうか」「経営状態はどうか」考えるかもしれませんが、実際に投資している企業が倒産した時、自分はどうするのか。どう思うのか。家計はどうなるか。損失を想定してみて、「こんな企業の株にこんな

金額なんて投資なんてしなければよかった」と思うのならば、最初から投資しない方が良い。

この「何の資産に投資するか」を考えた時、「想定する運用期間」も考えました。

厳密なものではなく、数十年単位の長期であるか、数か月～数年の中期であるか、あるいは数秒～数日の短期であるかです。

私は一攫千金を狙っているのではなく、じっくりと腰を据えて長期的にできる投資をしたかったのです。すなわち、投資先には長期的にリターンが期待できそうな、長期投資に向いている資産を選ばないといけません。

そうなると倒産して投資額全てパーになる恐れが０・０１％でもある一企業や、下落したまま「もう戻ってこないかも……」と思うような信用できない国の通貨には資金を集中して投資などできません。

これは少額での積立なら大丈夫、ということではありません。結果的に積み立てていくと、その分だけリスクを取ることになるのです。投資する資産の利益の源泉は何なのか、というところも一緒に考えるようにしました。

目を向けたのは、世界中の株式や債券。資本主義を代表するこれらの資産を分散して持っておけば、日本や一企業や海外の一国だけでなく、世界経済に投資していることになります。

というわけで、たどり着いたのは世界分散投資。現在は世界中の様々な株式・債券・不動産に幅広く投資する低コストな投資信託を、相場に関係なく毎月定額で買い付けています。

4. レバレッジをかけるかどうか考える

レバレッジとは「てこをかける」、要は元手よりも多くの金額を取引することです。いわば信用取引で、**借金をして取引を行う**ことです。私は、口座資金以上のお金を動かすことなど考えられません。というわけで私の場合はたとえ短期投資の場合でも**レバレッジ取引は一切しない**ことにしました。ましてや、相場の上昇の恩恵だけでなく暴落も含む下落もあますことなく飲み込む長期投資でレバレッジをかけるなど論外です。

5．何の商品を買うのか考える

同じ資産対象に投資する商品でも、商品や業者によって手数料や特性が異なります。例えば、「外国株式に投資したい！」と思って証券会社の検索フォームで投資信託を検索すると、何百種類という投資信託がヒットします。外国株式の個別銘柄を入れたら、それこそ膨大な数です。

長期的な投資信託での運用をしようと思って私が考えたことは、以下の通り。

資産配分を決める

株式、債券、不動産など、何の資産を、何％保有するのか。

本書では詳細をお伝えできませんでしたが、資産配分は運用成績を左右する重要な要素です。始める際には資産配分について学習する必要があるでしょう。

インデックス運用かアクティブ運用か決める

ベンチマーク（その投資信託が運用の目標とする指数）との連動を目指すインデックス

ファンドと、ベンチマーク以上の成績を目指すアクティブファンド。私は両方持ってますが、アクティブファンドはインデックスファンドに比べ手数料が高いのでスパイスとして短~中期予定で保有しており、長期保有目的で買っているのは主にインデックスファンドです。

手数料が低いものを選ぶ

同じ資産に投資するものであれば、運用コストが安いに越したことはありません。運用にかかる手数料の高いファンドは白アリの住む木造住宅みたいなものです。「信託報酬(保有し続けるためにかかるコスト)」、「販売手数料(購入にかかるコスト)」が少ないものを選びます。投資するものが投資信託でなくとも、為替手数料、売買手数料などコストを重視します。コストは確実にリターンを蝕むからです。

運用期間が無期限のもの、純資産が多いものを選ぶ

投資信託の「償還」とは、運用期間が終わり、信託財産の清算を行い、保有者にお金を返還することをいいます。

つまり償還されるファンドは保有を継続できませんので、運用期間に期限が切られているものは避けます。

また純資産（ファンドの規模を示すもの）が少ないと償還される可能性が高くなるので、純資産の少ないファンドも避けます。

6．どこの口座で買うのか調べる

販売会社によって取り扱っている商品が異なり、同じ商品を販売していても購入にかかる手数料が異なることがあります。また、業者の信用性を加味して自分のお金を置く業者を選ぶ必要があります。採り得る選択肢のうち、最も手数料が少なくなる方法を選びます。私はセールスマンに勧誘される恐れもなく、時間も口座維持費もかからない、手間なしネット証券に口座を開設しました。

コツコツと積み立ててきたことによって投資額もふえてきましたが、まだまだ勉強中です。

おわりに

本書を最後までご覧いただき、ありがとうございました。

将来やこれからのことについて、大なり小なり不安があるのは皆同じなのだと思います。

社会の制度を知って、お金を貯めて、投資をしたからといって、起こる事態全てに対応できるわけではありませんが……。

自分がやりたいことってなんだろう。自分にはこれからどんなことが必要になるだろう。憂う事態に備えるためには今から何をしておくべきなのだろう。

しっかりと考えなくてもいいけれど、焦らなくてもいいけれど、今の生活にほんの少しだけこの思考をプラスしてみてもいいのではないかと思います。

私のように29歳になってもぼんやりしていて、まだお金が必要な時でなければ、いつか必要になるその時のために「貯まる仕組み」を今の生活に作り、お金をふやすことを意識しておく。

貯金や投資や節約は、そのための手段の一つに過ぎないのだと思います。

その手段の一つでしかない「お金のこと」について、本書が皆様の人生の一端にほんの少しでもお役に立つことがあったのなら、この本も意味を持つことができ、私もとても嬉しく思います。

これからの人生予期せぬ出来事もあるでしょうが、まったりのんびりと生きていきたいものですね。

2016年1月　ITTIN

「おっさん疑惑。」
一部ではこんなふうに
思われてる
みたいです(笑)
中身はおじさん??
←着ぐるみ…
背中にチャック…

ITTIN
イッチン

独身一人暮らし29歳会社員。
働いて家計管理して資産運用したら資産2000万になった。
周りからはしっかりしているように見えるらしいが、ずぼらでめんどくさがりや。
趣味はブログ。
「独身一人暮らし女だからこれからどうやって生き抜いていくか考えるブログ」
のはずなのに、中の人はおっさんではないかという疑惑を持たれている。

独身一人暮らし女だからこれからどうやって生き抜いていくか考えるブログ
http://ittin.blog.fc2.com/

本書は、上記ブログの記事を大幅加筆修正し、書き下ろしを加え書籍化したものです。

29歳で2000万円貯めた独身女子がお金について語ってみた

2016年3月1日発行［初版第1刷発行］

著者　ITTIN

発行者　藤木健太郎
発行所　清流出版株式会社
東京都千代田区神田神保町3-7-1 〒101-0051
電話 03（3288）5405
http://www.seiryupub.co.jp/
ブックデザイン　松永大輔
イラスト　藤井昌子
印刷・製本　図書印刷株式会社
乱丁・落丁本はお取り替え致します。
ISBN978-4-86029-443-4